함께 한 시간속에서
나의 꿈이 시작되었다

함께 한 시간속에서 나의 꿈이 시작되었다

초판 1쇄 인쇄 | 2024년 07월 5일
초판 1쇄 발행 | 2024년 07월 10일

지은이 | 김원배·나컨세·하랑·김예서·북힐공방·펑알·이채원
펴낸이 | 황인욱
펴낸곳 | 도서출판 오래
　　　　04091 서울시 마포구 토정로 222, 406호(신수동, 한국출판콘텐츠센터)
　　　　전화 02-797-8786, 8787
　　　　팩스 02-797-9911
　　　　이메일 orebook@naver.com
　　　　홈페이지 www.orebook.com
　　　　출판신고번호 제2016-000355호

ISBN 979-11-5829-220-1　03190

값 16,000원

함께 한 시간속에서
나의 꿈이 시작되었다

김원배·나컨세·하랑·김예서
북힐공방·꿩알·이채원 지음

圖書出版 오래

·차례·

함께였기에 시작할 수 있었다.

꿈은 언제 시작이 되는 걸까요? 바로 지금 이 순간일 수도 있고 아주 오랜 시간이 지난 다음 일 수도 있습니다. 대부분의 사람들이 후자에 속하지 않나 생각해 봅니다. 생계를 위해 일을 해야 하고 집에 가면 가족들을 돌보며 말 그대로 하루하루 현실과의 부딪침 속에서 살아가기 때문이죠. 꿈은 커녕 온전한 나 자신을 바라봐 주기도 힘들 때가 많습니다. 그런데 참 신기한 건 이 꿈이라는 녀석은 눈에 보이지 않는 그림자처럼 항상 우리 마음속 한편에 자리를 잡고 있다는 것이죠. 단지 그걸 알아채지 못할 뿐. 설사 알아챘더라도 꿈을 시작할 수 있는 힘이 부족해 그대로 잊고 살거나 포기하는 경우가 많습니다. 만약 혼자의 힘으로 끄집어 낼 수 없다면 다른 종류의 힘을 빌리면 됩니다. 그게 바로 '함께'라는 힘입니다.

〈함께 한 시간속에서 나의 꿈이 시작되었다〉 이 책 역시 '함께'라는 힘이 있었기에 7명의 저자의 소중한 이야기가 세상 밖으로 나올 수 있었습니다.

책을 쓰기 전 1년이란 시간 동안 〈나컨세글쓰기연구반〉에서 매주 한편씩 글쓰기를 진행했습니다. 하랑님. 북힐공방님, 예서 쌤님, 꿩알님, 이채원님이 그 주인공들입니다. 김원배 작가님과 함께 글을 첨삭하면서 참 많이 웃기도 하고 울기도 하며 그 시간들을 쌓아왔습니다. 평소에 글을 쓰시던 분들이 아니었기에 매주 다른 주제로 내 이야기를 풀어쓴다는 것은 생각보다 어려운 일이었습니다. 개인의 글 쓰는 습관부터 글의 도입부 시작, 문맥 잡기, 적절한 단어 선택, 맞춤법 등 글을 쓴다는 게 이렇게도 고난의 길이냐며 끊임없이 물어보시기도 했던 기억이 납니다. 글쓰기를 시작한 후 1년이 거의 다 되었을 때쯤 '함께 책을 써보면 어떨까' 하는 생각이 들기 시작했습니다. 사실 "함께 우리 공저 내볼까요?" 이 말을 하기까지 많은 고민이 되었습니다. 오래된 저의 꿈이기도 했지만 〈글쓰기연구반〉에서 쓰는 글과 책으로 출판하기 위해 쓰는 글은 너무 다른 세상 이야기라 과연 우리가 끝까지 잘 해낼 수 있을지에 대한 걱정이 많이 앞섰죠. 공저를 내기로 결심하고 실행하는 데까지 냉탕과 온탕을 정말 많이 넘나들었던 기억들이 새록새록 떠오릅니다.

〈함께 한 시간속에서 나의 꿈이 시작되었다〉는 6가지 대주제로 이루어져 있습니다.

제1장 무엇을 위해 나는 그렇게 애를 쓰고 살았을까?

우리들의 진솔한 이야기를 어떻게 하면 더 잘 표현해 꺼낼 수 있을지를 고민하며 질문 형태의 6가지 주제를 선정하였습니다. 책 제목과 대주제에 대해 설명을 드리는 날 '우리가 어떻게 하지?'하던 작가님들의 표정이 아직도 생생합니다.

좋아하는 공식 중에 '시간+열정+정성=일낸다!!' 나컨세의 삶의 지표이기도 한 이 공식이 책을 쓰면서 서서히 우리들에게도 스며들고 있었습니다. 첨삭 드린 내용을 꼼꼼히 확인하시며 어떻게든 조금이라도 더 나은 글을 쓰기 위해 방법을 찾고 다시 글을 쓰는 작업들을 반복하는 과정 속에서 피어나는 그 열정과 정성스러운 모습들은 결코 잊을 수 없을 것입니다. 속도가 조금은 느리더라도 시간을 우리 편으로 만들며 어느 한분도 포기하지 않고 끝까지 함께 했다는 것만으로도 지금의 우리는 정말 멋진 시간을 보냈다고 말해드리고 싶습니다. 처음은 항상 서툴 수밖에 없습니다. 그렇다고 이 서툶이 계속되지는 않을 것입니다. 이 책을 통해 우리, 그리고 이 책을 함께 읽어 주시는 모든 분들이 내 안의 그림자로 자리 잡은 그 꿈들을 시작할 수 있는, 끄집어 낼 수 있는 용기의 힘이 될 수 있기를 간절한 마음으로 전해봅니다.

책이 출간되기까지 많은 애정과 마음을 쏟아주신 김원배 작가님과 우리 하랑님. 북힐공방님, 예서쌤님, 꿩알님, 이채원님 제가 정말 사랑하고 존경합니다. 너무나 멋진 분들과 함께 책을 쓰게 되어 감사드립니다.

끝으로 〈함께 한 시간속에서 나의 꿈이 시작되었다〉 많은 사랑 부탁드립니다.

- Life Contents Creator 나컨세

인생은 도전과 준비의 연속이다.

랠프 팔레트는 〈위대한 역경〉에서 "무엇인가를 손에 넣기 전에는, 반드시 그를 위한 준비를 해야한다. 인생이란 보다 큰 것을 향해 가기 위한 준비의 연속이다. 모세는 80년을 걸려 준비했고, 40년을 소비하며 일했다. 예수는 3년을 위해 30년을 준비했다. 그러나 우리 대부분은 '당신도 5분이면 할 수 있다'와 같은 교재로 준비를 하려 든다."라며 인생은 준비의 연속임을 강조한다.

태어난 운명은 우리에게 일방적으로 주어졌지만 대부분의 운명은 우리 스스로의 선택에 의해 만들어진다. 나킨세 스쿨이라는 플랫폼을 통해 매일 아침 필사를 하고 한 잔의 따뜻한 차를 나누며 나눈 대화는 우리들의 마음속에 깊이 새겨졌다. 첫 만남은 어색했지만 온라인으로 매일 아침 얼굴 보며 활동했던 시간들 속에서 꿈이 생겼고 미래 삶에 대한 방향성을 찾는 계기가 됐다.

도전과 준비는 인생의 두 축과 같다. 도전은 우리를 앞으로 나아가게 하는 동력이 되고, 준비는 그 도전을 이루기 위한 발판이된다. 이 두 가지가 균형을 이룰 때 우리는 비로서 원하는 목표를 이룰 수 있다. 대학교를 졸업하고 멈췄던 도전이 다시 시작됐다. 그 도전에 맞서기 위한 철저한 준비를 하고 어려움을 극복하고

함께 한 시간속에서 나의 꿈이 시작되었다

원하는 꿈을 이루어 가기 시작했다. 7명이 보여준 단합된 사랑과 믿음은 꿈을 현실로 만들고자 하는 강한 의지를 심어주었다. 이 책은 3년 동안의 삶의 방향성을 고민하며 만들어 낸 우리의 이야기다. 서로에게 희망을 주었던 시간들, 그리고 그 속에서 피어난 꿈들을 담고 있다. 나를 포함하여 나컨세, 하랑, 김예서, 북힐공방, 이채원, 꿩알 등 작가님들이 각자 꿈과 삶에 대해 나눈 이야기들이 이 글에 담겨 있다. 우리의 꿈들이 한 권의 책으로 탄생하기까지 함께 수고해 준 작가님들께 감사의 마음을 전한다. 이 책을 통해 여러분들도 누군가와 함께 한 시간속에서 미래에 대한 새로운 꿈을 찾길 바란다.

함께 한 시간속에서 우리들의 꿈은 시작되었다. 이제 그 꿈의 이야기를 여러분들과 나누고자 한다.

– counselor writer Kim Won-Bae

무엇을 위해
나는 그렇게 애를 쓰고
살았을까?

01

열등감을 극복하려고 공부를 시작했다.

김원배

매년 3월 새학기가 되고 중학교에 신입생들이 입학을 한다. "선생님은 어느 대학교 나오셨어요?"라고 당당하게 묻는 아이들이 많다. "선생님의 개인정보가 왜 필요하지?"라면서 내가 졸업한 대학의 이름을 밝히지 않는다. 단지 "선생님의 최종학력은 D 대학교 교육대학원 석사야"라고만 살짝 알려준다. 2001년 8월 D 대학교 교육대학원에서 교육학 석사학위를 받았다. 학벌에 대한 열등감에서 한 발짝 벗어나는 순간이다. 2년 6개월 동안 대학원 공부하는 것도 쉬운 일은 아니었다. 학창 시절 제대로 공부다운 공부를 하지 않았기 때문에 석사 학위 받는 순간 눈물이 왈칵 쏟아졌다. '나도 할 수 있다'는 것을 처음으로 느낀 순간이었다. 살아오면서 마음속으로 욕심은 많은데 그 욕심들을 내 것으로 만드는 과정들이 쉽지는 않았다.

함께 한 시간속에서 나의 꿈이 시작되었다

내가 열등감을 느낄 때마다 나는 다른 사람들의 시선 속에 갇히게 된다. 길을 걷고 있을 때나 친구들과 모임을 할 때나 나의 작은 변화라도 사람들의 시선을 끌지 않을까 하는 두려움에 시달린다. 모임에 참석하고 나면 '내가 왜 그랬지?'라는 후회가 남는 경우가 많다.

대학교 2학년을 마치고 논산 훈련소에 입소했다. 시골에서 살았던 나는 현역으로 입대하지 않고 지역 방위병으로 빠질 수 있었다. 친구들은 대부분 지역에서 근무했기 때문이다. 지금의 아내가 "남자가 현역 나와야지" 이 한 마디에 용기를 가지고 현역으로 지원해서 논산 훈련소를 거쳐 양평에서 군복무를 하게 된다. 훈련병 시절 하루 일과를 마치고 식당에서 훈련병들이 모여서 식사를 하는데, 내 앞에 앉은 동기가 한마디 하는 것이었다. "애야, 너는 왜 밥을 깨작거리며 먹냐? 좀 푹푹 퍼서 맛나게 먹어라" 나는 순간 놀라면서 그 동기의 말에 아무런 대답도 하지 못했다. 훈련 중에도 교관들이 나에게는 심하게 하지 않았다. 너무 약하고 소심했기 때문인 것 같다. 식사 중 동기의 한마디는 지금도 뇌리 속에 남았고 지금까지 밥을 먹는 태도를 바꾸는 계기가 됐다.

내성적이고 발표력이 부족했던 나는 반복적으로 반성하고 후회해도 매번 똑같은 행동을 하면서 살았다. 대학교 졸업하고 공부와 독서는 손을 놓은 상태였는데 지인의 한 마디에 다시 공부를 시작하는 계기가 됐다. 공항동에서 신혼생활을 하다가 아이들 육아 문제로 아내 직장이 가까운 안국동으로 이사를 했다. 안국동 근처에 근무하는 직장 선배가 어느 날 우리 집으로 식사를 하러 왔다.

"김주임, 법인실에서 평생 퇴직 때까지 근무할 거야? 법인실에서 행정실장하는 것도 힘들 텐데, 당신은 장점이 많아 지금 현실에 만족하지 말고 대학원 들어가서 공부를 더해봐, 아직 젊잖아."

"제가 할 수 있는 것이 있을까요?"
"행정학과 졸업했잖아 교육대학원 들어가서 석사학위와 교사자격증 취득해 봐."

선배의 말 한마디에 아내와 나는 서울 시내 교육대학원을 알아보고 집과 직장에서 가장 가까운 곳으로 선택해서 원서를 제출했다. 면접을 마치고 최종 합격이 되면서 꿈에도 생각해 보지 않았던 대학원생이 된 것이다. 삶에 대한 명확한 비전도 없이 직장에서 맡은 일을 하면서 퇴근 후 동료들과 술집을 전전하며 시간을 축냈던 시간들에게 종말을 고하고 나를 찾아보기 시작했다. 현실에 만족하지 않고 나를 제대로 바라보고 내 능력을 개발하기 위해 공부를 하고 책을 읽기 시작했다. 주변을 의식하지 않고 다른 사람들과 비교하지 않을 때, 독립적으로 나만의 삶을 펼칠 수 있다. 삶을 탐험하는 가장 좋은 방법은 자신만의 방식으로 경험하는 것이다.

두 아이를 키우면서도 나와 아내는 아이들의 친구들과 비교하지 않았다. 아이가 시험을 보고 와서 친구는 백 점 맞았는데 자신은 여러 문제 틀렸다고 말하면 아이의 속상한 감정을 이해해 주면서 "너도 할 수 있어, 친구를 부러워하지 말고 네 스타일도 페이스대로 공부하면 된다. 지금 100점은 그리 중요하지 않아 꾸준하게 공부하는 습관을 만드는 것이 중요한 것이야"라며 부러워하기보다는 지금의 상황을 극복하고 스스로 학습할 수 있는 힘을 키워주는데 주력했다.

"부러워하면 지는 거야"
아무 노력 없이 주변 사람들을 부러워하면서 열등감만 가득하다면 자신의 삶은 변화지 않는다. 때로는 잘나가는 친구들에게 열등감을 가질 필요도 있다. 그 친구들이 내가 성장하는데 자극제가 되기도 한다.

2012년 진로교사를 시작하면서 다른 학교 교사들과 자주 교류를 하게 됐다. 진로교육이 처음 도입되면서 진로 수업에 대한 자료들이 부족한 상황이었다. 진로교육 협의체에서 연구하고 개발하면서 진로교육을 성장시켰다. 내성적이고 열등감이 강한 내가 이런 활동에 참여하면서 서서히 변하기 시작한 것이다. 책을 읽고 토의하는 자리에 참여하기 위해서 자료를 준비하고 발표는 하지만 더 이상 토의토론에는 끼지 못했다. 나의 역량이 여기까지인가?라는 의구심도 갖게 되면서 고민도 많았던 시절이었다. 진로교사 모임에서 특별하게 뛰어난 아이디어는 없지만 여러 샘들의 이야기를 듣는 것이 좋았다. 그들 눈에는 내가 어떻게 보였을지 모르지만 나는 나의 갈 길만 가고 있는 중인 것이다.

2017년 나는 진로교육을 넘어서 책을 쓰고 싶어서 진로교육협의체에서 탈퇴했다. 나는 독서모임에 참여하고 꾸준하게 글을 쓰면서 내면속에 잠재되어 있는 열등감들을 하나씩 풀어냈다. 열등감으로 지금까지 살고 있었다면 나는 어떤 모습으로 오십중반을 보내고 있을까?

〈미움받을용기2〉에서는 '인간은 과거의 원인에 의해 영향을 받아 행동하는 것이 아니라, 스스로 정한 목적을 향해 움직인다. 답이란 남에게서 얻는 것이 아니라, 스스로 구하는 것이다. 나의 불행은 스스로 선택한 것이다'라는 문장이 있다. 즉, 불행이든 행복이든, 성공이든, 실패든 자신이 스스로 선택한 것이라는 의미다. 우리 주변에 보면 성공하면 자기 탓이요, 실패하면 남탓으로 돌리는 사람들이 많이 있다. 남탓만 하다 보면 이루어지는 것은 아무것도 없게 마련이다.

열등감을 느끼는 사람들은 종종 자신의 능력을 과소평가하여

함께 한 시간속에서 나의 꿈이 시작되었다

직장 내에서 충분한 성과를 내지 못할 수 있다. 이러한 경우에는 직장동료들로부터 인정 받지 못하는 결과로 이어지게 된다.

　나의 삶은 2012년을 기점으로 변하기 시작해서 꾸준히 상승하고 있다. MBTI 성격 유형도 변했다. 인간의 본질적인 성향은 변하지 않지만 얼마 전 다시 검사했을 때 ISTJ에서 INFJ로 바뀐 것이다. 이 성향은 매우 희귀한 성격임에도 불구하고 세상에 큰 영향력을 발휘한다고 한다. 삶에 순응하는 대신 삶에 맞서 변화를 만들어내고자 하는 성향이라고 한다. 성격은 바뀌지 않는데 2012년 검사했을 때와 얼마 전에 검사했을 때의 결과가 다르게 나타난 것이다. 나는 희귀한 성격이라는 설명에 가장 마음에 든다. 장은주 작가에게 바뀐 이유가 뭘지 물어봤었다.

　"작가님은 아마도 책을 꾸준히 읽고 글을 쓰면서 직관적이고 감정적으로 변하신 것 같아요"라며 독서와 글쓰기가 성향도 바뀌게 하는 것 같다고 말을 한다. 맞는 말이다. 요즘에는 나를 외향적으로 보는 사람들이 많아지고 있다. 자신감이 충만하다는 말도 많이 듣는다. 나를 성장시키기 위한 꾸준한 노력들이 결국에는 성격유형도 변하게 한 것이다. 그런데 아직도 사람 많은 곳이나 모르는 사람에게 선뜻 다가서는 것은 두렵다. 내면적인 성향은 절대로 변하지는 않는 것 같다. 열등감만도 극복하게 된 것이 나에게는 가문의 영광이다.

열등감도 건전하게 잘 활용하면 성장하는 데 도움이 된다. 내면의 힘을 발견하고 자신의 한계를 넘어서려는 의지가 필요하다. 삶에 대한 공부는 불가능해 보이는 것들에서 무한한 가능성을 발견하고 풍요롭고 더 밝은 미래를 향해 나아갈 수 있는 필수적인 힘을 제공해 준다. 삶 속에서 진정한 가치를 인식하고 더 큰 성취를 향해 나아갈 수 있는 근본적인 자신감을 얻게 되는 것이다.

02

시작은 모녀의 서울 정착 프로젝트

나컨세

　어느 주말 오후, 오랜만에 만난 친구와 차 한 잔을 하고 있을 때다. 한참 이야기를 하던 중 뜬금포 질문이 나를 향했다.

　"도대체 너는 왜 맨날 잠이 부족해서 얼굴이 그 모양이냐?"

　"맨날 무엇을 하길래 그리 애쓰며 살아?"

　나른한 몸을 의자에 기대 멍을 때리고 있던 찰나, '그런 너는? 왜 그러고 사냐!!' 하며 바로 머라고 대꾸하고 싶은 마음은 넘쳤으나 잠시 이런 생각이 들기 시작했다. '그러게… 왜 이리 시간을 쪼개고 쪼개며 살고 있을까.. 지금도..'

　바쁘게 삶을 살아온 것은 오로시 나의 선택이었다. 누가 그렇게 살라고 시킨 것도 강요한 것도 아니다. 그냥 내 가족과 잘 먹고 잘 살기 위해, 조금 더 행복해지기 위해 애쓴 것뿐이다. 지금도 잊고 살았던 꿈을 다시 한번 시작하기 위해 잠자는 시간까지 줄여가며 버티는 이 순간까지도 말이다. 일상이 되고 습관이 돼버린 이 애씀의 처음은 언제였을까.

벌써 30년도 넘은 국민학교(초등학교) 6학년 2학기, 서울로 전
학이 그 시작이지 않을까 싶다. 문화 관광지, 유적지로 널리 알려
진 강화도, 그중에서도 온수리 길상면에서 국민학교(초등학교) 시
절을 보냈다. 현재는 인천광역시에 속해 있지만 그 당시만 해도
경기도에 속해 있던 곳이다. 서울에서 1시간 남짓이면 오고 갈
수 있는 거리라 사람들이 많이 찾는 곳이기도 하다. 매주 주말이
면 관광객들로 부쩍이다 주중이 되면 한산한 날을 보내는 시골
마을이었다. 지금도 나의 인생에서 가장 즐겁고 마냥 행복했던
시절 중에 한 공간을 차지하는 소중한 곳이다. 수업이 끝나면 책
가방 집어던지고 친구들과 마냥 놀러 다니던 시절이었다. 강화도
는 행복했던 기억이 있는 곳이기도 하지만 학년이 올라갈수록 하
루라도 빨리 그곳을 벗어나고 싶은 곳이기도 했다. 살림 형편이
그리 넉넉하지 못했음에도 부득부득 우겨 서울로만 가겠다는 딸
내미의 성화에 못 이겨 엄마는 한 달 만에 서울에 세를 얻어 집을
구했고 중학교에 입학하기 전에 전학을 오게 되었다.

왜 그렇게 서울로만 가고 싶냐고 물었을 때, "내 인생을 여기서
만 보내고 싶지 않다"라고 이야기를 했던 기억이 난다. 왠지 그곳
에서 계속 살게 되면 마치 이미 정해진 인생의 길로만 살아가야
할 것 같은 생각이 들었다. 지금이나 그때나 자기 생각이 참 강한
아이였던 건 분명하다. 그 당시 엄마의 연세는 52세, 나는 13살

이었다.

50대라는 적지 않은 나이에 친척도 그 누구도 없는 곳에서 어린 딸과 생계를 꾸리며 살아간다는 건 너무 힘든 삶이었다는 것을 내가 그 즈음의 나이가 되어서야 알게 되었다.

만약 그때 내가 그렇게 우기지 말고 '그냥 그곳에서 살았더라면 어땠을까'. 엄마의 삶이 조금은 편안하지 않았을까 하는 생각이 들기도 한다. "엄마~ 딸내미의 고집을 꺾지 않고 나를 응원해 줘서 너무 감사하고 사랑해요~". 그때는 너무 어려 미처 생각하지 못했던 말을 조심스레 전해 본다.

시골이었지만 나름 주산학원, 컴퓨터학원, 피아노 학원도 있었다. 나중에 알게 된 이야기지만 엄마는 나를 상업고등학교에 보내 졸업 후 농협에 취직 하기를 바라는 마음으로 주산학원을 보냈다고 한다. 돌이켜보면 엄마의 선견지명이 참으로 탁월했던 것 같다. 지금은 들어가기가 하늘의 별 따기인 시대가 아닌가.

서울로 이사를 온 그날부터 모녀의 도시생활 만렙을 찍기 위한 서막이 시작이 된다. 어떻게든 자식은 잘 먹이고 입히며 공부시키겠다는 일념 하나에 밤낮없이, 명절에도 일을 하시는 엄마를 보면서 자라서일까, 나도 내가 할 수 있는 한에서 내 방식으로 최선을 다하는 것이 엄마를 돕는 것이라 생각하며 그 시절을 살았던 것 같다. 새벽같이 일을 나가시는 엄마는 도시락과 아침 밥상을 준비해 놓고 학교에 늦으면 안 되니 나를 깨워놓고 출근하셨다. 그래서 다른 친구들보다는 항상 일찍 학교를 갈 수밖에 없었다. 그 시간들이 쌓여서일까? 흔히 말하는 새벽형 인간이 된 게 아닌가 싶다. 모든 일에 최선을 다하는 삶을 살아가는 엄마를 보면서 자연스레 나도 그렇게 애를 쓰며 사는 것이 당연하게 여겨진 것이다.

가끔 엄마와 예전에 일들을 이야기 나눌 때 빼놓지 않는 에피소드 2가지가 있다. 그중 첫 번째는 고등학교 1학년 벚꽃이 휘날리던 봄날의 일이다. 학교를 마치고 집으로 가기 위해 버스를 타려는데 가방에 있던 회수권 2장이 감쪽같이 없어진 것이다. 지금이야 교통카드로 손쉽게 대중교통을 이용하는 시대이지만 그때는 작은 종이로 된 버스 승차권이 따로 있었다. 집까지 가려면 버스를 2번 갈아타야 해서 오고 가는 총 4장이 그때 나의 전 재산이었다. 주위를 둘러봐도 친구들은 이미 버스를 타고 간 뒤였고 그때는 핸드폰이 없던 시절이라 엄마에게 전화를 걸 수도 없었다. 하는 수없이 집까지 걸어가는데 그날따라 왜 그리 바람이 많이 부는지 벚꽃이 휘날리며 나에게 꽃잎들이 철석같이 달라붙는 것이었다. 약 2시간 정도 집까지 어찌어찌해서 오긴 왔는데 걸어온 후유증의 흔적이 아직까지도 남아있다.

평소 아토피와 알레르기로 고생하던 나에게 그날 꽃가루 알레르기까지 더하게 된 것이다. 나이를 먹으면서 증상이 조금은 덜

　　　　　　　　　　함께 한 시간속에서 나의 꿈이 시작되었다

해지긴 했지만 지금도 봄날 여러 꽃가루들이 날린다 싶으면 가급적 외출을 자제하거나 근처로 가지 않는다. 가게 되더라도 알레르기 약을 미리 먹거나 완전무장을 하고 가야만 한다. 한번 간지럽기 시작하면 정말 피가 날 때까지 긁어도 간지러움이 끝나지 않을 때도 있었다. 이 이야기를 할 때면 엄마는 "그때 내가 독하게 돈 안 모았으면 먹고 못 살았어~~" 말씀하시면서도 "그래도 내가 천 원이라도 줬어야 했는데… '하며 쓴웃음을 보이시곤 한다.

두 번째 이야기는 엄마와 감에 관련된 일이다. 평소 엄마는 곶감이든, 대봉이든 감을 무척 좋아하신다. 예전에 일을 하고 집으로 오는 길에 정말 맛있게 생긴 대봉이 보여 가격을 물었는데 1개에 1,500원을 불렀다고 한다. 1개를 사서 혼자 먹으려니 내가 걸려 사 먹을 수도 없었고 힘들게 일해서 번 돈을 다른 음식이나 식재료도 아닌 감 몇 개를 사는데 쓰기가 아까우셔서 먹고 싶은 것을 꾹 참고 집으로 오셨다고 했다. 이 일은 아주 나중에 들은 이야기다. 겉으로는 "그런 일이 있었어? 그냥 사 먹지~ 먹고 싶을 때 먹어야 하는데…"라고 아무렇지 않게 말은 하였지만 어찌나 마음이 안 좋던지. 이야기를 들은 이후로 마트나 시장에서 감을 보면 바로 사서 집으로 모시고 오고 있다.

누구나 본인의 인생은 각자의 방식으로 애를 쓰면서 살아가기 마련이다. 어떤 일들은 나로서는 최선을 다한 선택과 삶의 방식이라도 다른 사람들이 보기에는 미련해 보일 수도 있는 일들도 있을 것이다. 엄마와 나의 에피소드도 누군가의 눈에는 그렇게 비춰 보일 수도 있다. 그렇지만 당사자가 되어 그 삶을 살아보지 않았기에 그 정도가 얕은지 깊은지는 알 수가 없다. 중용에 '지성무식(至誠無息) 지극한 정성만은 쉬지 않는다.'는 말이 있다. 내가 현재 하는 일, 이루고자 하는 목표에 대해서 나만의 방식으로 얼마나 내가 정성을 들이고 매일 꾸준하게 조금씩이라도 하고 있는지를 먼저 살펴봐야 한다. 그리고 그 후에 나타나는 결과는 본인이 받아 들여야 하는 몫인 것이다. 다른 사람의 삶의 방식은 나에게는 필요가 없다. 내가 선택한 삶에만 집중을 하면 되는 것이다.

엄마와 나 역시 각자의 역할에 지금까지 애를 쓰며 살아왔고 또한 모녀가 함께 여러 어려운 과정을 우리만의 방식으로 이겨내고 정성을 들였기에 그래도 조금은 행복한 모습으로 이 도시에서 살아가고 있지 않나 생각이 된다. 모녀의 서울 생활 만렙 찍기는 여전히 진행 중이다.

03

불행하지 않으면 행복한 것이다.

하랑

2023년 봄, 회사 근처 산부인과에 정기검진 갔다가 계획에도 없던 조직검사를 받았다. 초음파 검사 하면서 의사가 고개를 좌우로 갸우뚱거리니 불안감이 엄습해 왔다. 결과가 나와봐야 암인지 양성종양인지 알 수 있다며 마음을 편히 가지라고 했지만 나는 암으로 이미 확진 받은 사람마냥 힘이 쭉 빠졌다. 앞만 보며 일하고 아이들 챙기면서 동분서주했던 시간이 주마등처럼 스쳐 지나갔다.

'뭣이 중한디….' 회사에서 일 잘한다고 인정받는 것이 뭐가 그리 중요했을까? 죽고 사는 문제도 아닌데 말이다. 회사에서 죽고 사는 문제란 없다. 죽고 사는 문제는 오롯이 병원에서만 있는 것인데 참으로 헛똑똑이처럼 살았다. 상사에게 인정받고 승진하고 싶어서 건강을 챙기지 못하고 회사 일에 과도하게 에너지와 시간을 쏟았다.

큰 병일 수도 있다고 생각하니 돌아가신 엄마가 제일 먼저 떠올랐다. '가정 형편이 어려워 딸은 대학에 보낼 수 없다'는 외할머니의 말에, 학구열이 높았던 엄마는 단식투쟁을 하고 골방에 처박혀서 며칠을 나오지 않았다고 한다. 이러다가 딸년이 죽겠구나 싶어서 할머니가 두 손 두 발 다 들었고 그 결과 엄마는 대학을 졸업하고 학교 선생님이 되었다.

대학교를 졸업하고 이름만 대면 아는 대기업에 입사했을 때 엄마는 참으로 좋아하셨다. 첫 월급을 타서 외할머니에게 신권으로 용돈 20만 원을 드렸는데 외할머니는 동네방네 자랑하셨다. 첫 월급으로 외손녀가 용돈을 줬는데 봉투가 좀 얇아서 돈이 적을 거라 생각했는데 신권이어서 얇아 보였던 거다, 라며 동네 할머니들 기를 죽이셨다고 한다. 부모에게 잘해주는 사람이 제일 좋듯이 엄마는 외할머니를 기쁘게 해준 나를 매우 기특하게 생각하셨다.

초여름 퇴근길에 저녁 바람이 살랑 불 때, 시장에서 수박을 꼭 두 개씩 사는 아주머니를 볼 때, TV에서 조용필과 나훈아를 볼 때 엄마 생각이 유독 난다. 엄마가 돌아가셨을 때 너무 막막했다. 죽으면 엄마 곁으로 갈 수 있다고 생각하니 그때는 죽는 것이 무섭지 않았다. 결혼 준비할 때는 엄마와 함께 할 수 없어 안타까웠지만 웨딩플래너의 도움을 받아서 결혼식도 성대하고 세련되게 잘 치뤘다. 첫 아이를 낳고 엄마 생각이 더 많이 났다. 나도 엄마처럼 엄마가 되었다고, 아주 잘생긴 아들을 낳았다고, 말하고 싶었다.

선천성 심장병을 가지고 태어난 아들을 만나기 위해 하루에 두 번 신생아 중환자실을 찾았다. 중환자실은 정해진 면회 시간에만 입장이 가능하므로 병원 근처에 있는 산후조리원으로 구했다. 산모가 몸조리를 잘해야 하는데 하루에 두 번씩 외출하니 주변에서는 걱정이 많았지만 아이만 건강하다면 내 몸은 부서져도 상관이 없었다. 혹시나 아이가 어떻게 될까 싶어 마음을 졸였고 두렵기도 했지만 괜찮을 거라면서 스스로 주문을 외웠다. 가슴을 열고 하는 고난이도의 수술이어서 수술 설명을 듣는 것만으로도 가슴이 먹먹했다. 수술실로 아들을 들여보내고 밖에서 기다리면서 계속 기도를 했다. '애가 탄다'라는 말뜻을 온전히 뼈저리게 느꼈다.

만 2개월, 만 3세 때 두 번이나 어려운 수술을 이겨 낸 장한 아들인데, 현재 건강하게 잘 크고 있는 것만으로도 충분히 감사할 일인데, 내가 무엇을 더 바라고 있는가? 참으로 인간의 욕심이란 끝이 없다. 중학생이 되자 부모인 내가 더 다급해졌다. 초등학교 때부터 학원을 더 보내야 했나? 생각하면서 자녀 교육에 있어서 최근까지도 갈팡질팡했지만, 오늘은 생각이 명확해진다. 아이가 공부를 잘하는 것도 좋지만 부모와 대화하고 자기의 의견을 말하고, 생각하는 힘을 가진 아이로 커가는 것이 더 중요하다. 우리 아들은 그런 면에서 잘 크고 있다.

재치 있고 책을 많이 읽으며 다른 사람의 감정도 잘 읽어주는 듬직한 청소년으로 컸는데 공부 좀 덜하고 게임 많이 한다고, 숙제 안하고 웹소설을 자주 읽는다고 너무 다그쳤던 것 같다. 공부 안 하면 좋은 대학에 못갈까 봐서, 사회적 기준에 그럴듯한 직업을 못 갖게 될까 봐서 걱정했다. AI, 로봇. ChatGPT 등 신기술이 계속 나오고 있는 이런 시대임에도 과거의 성공 방식으로 아들을 바라봤다. 수년 후의 일인 대학 입시의 걱정을 미리 당겨와서 아들을 괴롭혔구나 싶다. 암일 수도 있다고 생각하니 인생에서 뭐가 중요한지 또렷이 알게 된다. 학교 선생이었던 친정 아빠와 대화할 수 있었다면 나는 이 부분을 더 빨리 깨우쳤을 텐데 안타깝다.

아빠가 2016년 9월에 뇌졸중으로 쓰러지신 이후로, 나는 병원 진료 예약, 병원비 납부, 의사와의 면담, 형제들과의 소통 등 종합상황실의 책임자 같은 역할을 해오고 있다. 자녀가 많아도 어느 집이나 이런 역할을 하는 사람은 보통 한 명이라고 하는데 우리 집에서는 나였다.

뇌졸중이라는 병마가 덮치기 전에는 대화를 많이 했다. 회사 생활과 관련된 조언도 많이 해 주셨는데 결론은 항상 역지사지였다. 가장 자주 하셨던 말씀이 '한 분야에서 가장 성공한 사람은 그 분야에서 실패를 가장 많이 한 사람이다', '다른 사람이 느린 게 아니라 네가 빠른 것일 수도 있다'였다. 무언가 하고 싶지만 망설여질 때, 다른 사람으로 인해 화가 날 때, 스스로 채근할 때, 아빠의 말을 떠올리면 의욕이 생기고 마음도 누그러진다.

나는 아빠를 '박 선생'이라고 자주 불렀다. 엄마와 아빠는 학교에서 만나서 결혼하셨다. 돈을 더 벌어야겠다는 생각으로 학교를 그만두고 사업을 하셨지만 학생들 가르치는 선생이라는 직업을 더 좋아하셨다. '박 선생'이라고 부를 때마다 아빠는 미소를 지으며 내 이야기를 들어주고 조언을 주셨다. 병상에 계시기에 대화를 나눌 수 없고 아빠의 조언을 더 듣지는 못하지만 그동안 받았던 주옥같은 말씀을 되새길 수 있기에 감사하다.

열정을 몸소 보여준 엄마, 지혜를 주신 아빠, 마음이 선하고 예의를 아는 남편, 유머 있고 재치 있는 아들, 요리 잘하고 엄마 마음을 잘 읽어주는 딸, 가족 한 명 한 명이 떠오른다. 검사 결과가 나오지도 않았는데 나는 최악의 상황까지 생각했다. 그게 나라는 사람의 성향이다. 문제가 터지면 최악의 상황까지 시뮬레이션해 보는 습관이 있다. 생각을 계속하다 보면 문제의 해결책이 보이고 생각 정리가 되니 마음이 편해진다.

병원에서 마음을 좀 추스르고 남편에게 조직검사를 받았다고 알려줬다. 전화기 너머로 정적이 흐른다.

"결과는 다음 주 초에 나온데…."
"……" 남편은 아무 말이 없다.

"아무 일 없겠지. 걱정하지 마" 나는 애써 태연한 척 말했다.
"의사가 뭐래?" 남편이 짧게 묻고선 그 뒤로 또 말이 없다.

그동안 병원 검진을 왜 안 받았냐? 라며 타박할 만도 한데 별 말 없는 남편의 배려가 고마웠다.

병원 옆에 있는 약국에서 약을 사들고 사무실로 들어왔다. 인간은 망각의 동물인가 보다. 팀원들은 기달렸다는 듯이 줄지어 보고를 했다. 불과 한 시간 만에 또다시 비자발적으로 직장인이자 부서장이 되었다. 업무지시를 하고 미팅하고 의사결정을 하다 보니 자연스레 병원 일을 까먹게 되었다.

퇴근 후 집에 가는 길, 잠깐 잊고 있었던 걱정이 한아름 다시 몰려왔다. 집에 가서 아이들을 바라보니 평소보다 더 애틋하고 소중하다. 스스로 기도를 하고 주변 지인들에게 중보 기도를 부탁하니 마음이 조금 편해졌다. 다음날에도 그 다음 날에도 나는 엄마이자 부인으로, 딸로, 며느리로, 직장인이자 부서장으로서 주어진 임무를 수행했다.

며칠 뒤 아침, '내원해서 의사 선생님에게 상담받으세요' 문자를 받았다. 가슴이 철렁 내려앉았다. 암일 거라 확신했다. 그렇지 않고서야 예약한 날보다 먼저 오라고 할 일이 없지 않는가?

'암이면 어떡하지? 아닐 거야. 암이면 치료하면 되지 뭐' 스스로를 다독여 보지만 불쑥불쑥 최악의 상황이 떠오른다. '돈을 잃으면 조금 잃는 것이요, 사람을 잃으면 많이 잃는 것이요, 건강을 잃으면 다 잃는 것이다'라는 말이 가슴에 콕콕 박힌다.

초조하고 불안한 중에도 암이 아니길 간절히 기도했다. 진료실 앞에서 기다리는 몇 분이 몇 시간처럼 느껴졌다. 진료실 안으로 들어가자마자 의사 선생님의 표정부터 살폈다. 천만다행이다. 암은 아니란다. 추적 관찰을 하면 된다고 하니 가슴을 쓸어 내렸다.
예상치 못한 일이 벌어지면 자문하는 습관이 있다. '지금 이 일이 왜 나에게 벌어졌을까?' 이 일로 내가 무엇을 깨우쳐야 하나?
나에 대해서, 나를 둘러싼 환경에 대해서 한 번 더 생각해 보는 계기가 되었다. 검사 결과가 나쁘게 나오지 않았으니 나는 또 예전의 패턴대로 돌아갈 확률이 높지만 이번 일을 계기로 내 생 각과 행동을 바꿔야 겠다. 조직검사를 받고 결과를 듣기까지 며칠간 여러 가지 생각으로 머리가 복잡했지만 인생사 계획대로 되는 것도 아니니, 지금 내 주변의 사람들과 행복하게 현재에 집중하며 지혜롭게 살고 싶다. 지금 내가 누리고 있는 많은 것들에 감사하면 행복감을 느낄 수 있다. 이것 또한 지나가리라(It shall too pass away), 행복한 것도 불행한 것도 모두 지나가니 현재에 집중하자.

'과거에 일어난 일을 바꿀 수는 없지만 일어났던 일에 대한 해석은 바꿀 수 있다'라는 말을 참으로 좋아한다. 『마흔에 읽는 니체』에서 '지금, 이 순간이 행복하다고 마냥 즐거워할 수도 없고, 마찬가지로 불행한 순간이 계속 이어지고 있다고 슬퍼할 필요도 없다'고 했다. 행복을 너무 거창하게 생각하지 말자. 불행하지 않으면 행복한 것이다.

04

광주리 장사

김예서

대학 2학년 때, 부잣집 아들과 사랑에 빠졌다. 사랑은 마치 봄날의 햇살처럼 따뜻했고 온 세상이 아름다워 보였다. 하루라도 보지 않으면 보고 싶었고, 매일 붙어 다니다, 이사람과 함께라면 어디든 좋아 '가난해도 좋고, 배고파도 좋아' '내 옆에 없으면 죽을 것 같아' 라는 생각이 들었고, 혼전 임신까지 하게 되었다. 그 시절만 해도 혼전 임신은 용서 받지 못할 잘못된 일이었다. 여자로써 자기 몸을 지키지 못한 치명적인 치부처럼 생각했던 시절이었다. 임신 후 우리의 사랑은 더욱더 깊어졌고, 결국 결혼을 하기로 결심하였다. 하지만 결혼을 결심했을 때, 친정의 반응은 차가웠다.

"학교 졸업도 안하고 결혼은 무슨 결혼이냐"며, 내 결정에 강하게 반대하셨다. 더욱이 임신한 사실조차도 친정에는 입도 뻥긋하지 못하고, 반대에 부딪혀 친정에서 뛰쳐나와 무작정 시댁에 들어갔다. 나를 바라보는 시어머님의 눈초리는 너무 따가웠다. "너의 친정은 도대체 어떤 집안이길래 딸이 집을 뛰쳐나오게 하니?"하며 다그치셨다.

나는 큰 죄인처럼 고개만 숙이고 어머님께서 하시는 말씀에 반박도 하지 못하고 눈물만 흘렸다. 너무 오랫동안 야단을 치시니 할 말도 없고, 얼굴을 들 수도 없었다. 친정을 뛰쳐나와 시댁에 가면 웃을 일만 있을 줄 알았는데 오히려 구박과 서러움에 눈물만 흘렸다, 앞으로 어떻게 지내야 할지 눈앞이 깜깜해졌다. 남의 애를 갖은 것도 아니고 당신 자식 아이를 가졌는데도 시어머님의 차가운 눈초리와 말은 가슴을 후벼 팠다.

나는 갈 곳도 없고 이곳에서 살아야 하기에 어쩌든 미움을 받더라도 버텨야만 했다.

새벽같이 일어나 시아버님이 새벽 운동 가실 때 신는 신발을 난롯가에 두어 따뜻하게 데워놓고, 맛있는 커피를 마호병에 넣어 놓기도 하고, 시어머님가 좋아하는 달걀 흰자 거품을 내어 준비해 났다가 어머님 얼굴에 달걀 거품을 자주 발라 마사지를 해드리곤 했다. 시누이, 시동생에게는 맛있는 간식을 항상 해주었고, 온 가족이 불편하지 않도록 미리 찾아서 준비를 해줬다.

가족을 사랑하는 마음으로 대하자 진심이 통했는지 가족들도 마음의 문을 열고 차가운 눈초리는 시간이 흐르면서 차차 녹아갔다. 반대가 심했던 친정에서도 결국 마음을 바꾸셨고, "기(氣)라도 피고 살아라"며, 결혼을 허락하셨다. 결혼식 날, 나는 기쁨과 동시에, 무언가를 잃어가는 것 같은 아련함이 마음 한편을 채웠다. 사랑하는 사람과 함께하는 삶을 선택했지만, 그 선택이 가져온 무게는 가볍지 않았다. 결혼은 나에게 사랑의 힘, 선택의 중요성, 그리고 가족과의 관계에 대한 깊은 이해를 가르쳤다. 이 모든 것이 나를 더 강하게 만들었고, 그 강함이 내 삶의 지표가 되고 어려움을 극복하는 데 큰 힘이 되었다.

결혼식 이후, 새로운 삶을 시작되었다. 부잣집 며느리가 되었지만, 그것은 곧 현실의 도전과 마주하는 것을 의미했다. 행복은 너무나 짧았다. 떡두꺼비 같은 아들을 낳아 시부모님께 안겨주자, 그간의 힘든 일들이 한 번에 다 해결되어 시부모님은 우리 장손, 우리 큰며느리가 최고라고 하셨다. 행복한 시간은 잠시 시어머님께서 암에 걸리셨다. 집안의 기둥이셨던 어머님의 병환으로 초상집같이 심울함이 흘렀다. 항암치료를 받으신 어머님은 조금씩 회복되는 듯하던 병세는 삼 년 후 다시 악화되었고, 병원에 입원해서 계시는 날 보단 집에서 계시는 날이 점점 길어졌다. 고통스러운 신음소리가 처음엔 작았지만 날이 갈수록 소리를 지르는 일이 많아 졌다. 그 소리를 들으면 가슴은 갈갈이 찢어지는 듯 했다. 간병하며 어머님이 고통스러워 하는 모습을 보는 것이 더 마음이 아팠다. 고통을 줄여 줄수 있는 방법은 몰핀 주사를 놔 드리는 방법 밖에 없었기에 마음이 더 아팠던 것 같다. 결국, 시어머님은 병마와 싸우다 돌아가시고, 대가족으로 함께 살았던 우리 가족은 집을 팔아 분가하였다. 분가하고, 처음엔 너무 행복했었다. 시댁 식구들과 함께 살았을 때는 할 일도 많았다,

우리 식구밖에 없으니 할 일도 적어지고, 어머님을 간병하느라 아이한테 제대로 신경도 못 쓰고 많이 이뻐해 주지도 못했는데, 우리 가족만 살다 보니 마음껏 예뻐해 주고 사랑을 줄 수가 있었다. 그런데 기쁨도 얼마 가지 않아 분가하면서 받은 돈이 바닥이 나게 되었다. 가족을 위한 수입이 절실했었다. 생활고에 허덕이던 나는 친구 집에서 일을 도와 수입을 얻었지만, 그것만으로는 생활이 어려웠다. 아이가 있어 제대로 된 직장을 구하기가 어려웠다. 그 시절 여성의 직업 선택은 매우 제한적이었다. 친정에 도움을 청하는 것은 상상도 할 수 없는 일이었고, 결국 시댁에 도움을 청하기로 결심했다. 남편에게 "아버님댁에 가서 돈 좀 구해 오세요" 남편은 시댁에 다녀 왔지만 빈손으로 돌아왔다. 결국은 시아버님께 도움을 청하기로 마음먹었다.

"아버님, 남편이 취업이 안 돼서 돈이 없어요. 쌀도 떨어졌어요. 아이를 굶기고 있어요. 조금만 도와주세요."라고 부탁했다. "돈이 없으면 벌어야지."라고 답했다.

"아이를 데리고 할 수 있는 일이 없어요. 제가 친구 집에서 파출일을 하는데 돈이 적어 생활이 안 돼요."라고 호소했다. "뭐라

함께 한 시간속에서 나의 꿈이 시작되었다

고? ○○회장 댁 며느리가 파출부를 한다고? 창피하다! 차라리 광주리 장사를 해라."라고 말씀하셨다.

아버님과 이야기가 끝낸 후 실망과 절망에 **빠져** 눈물을 멈출 수 없었다. 남편에 대한 원망, 시아버님에 대한 서운함이 겹쳐져 한탄만이 나왔다. 남편이 밉기만 하고 시아버지에 대한 원망으로 진저리가 쳐졌다.

'시아버지'라는 말도 하기 싫고 머리가 절레절레 흔들릴 정도로 싫었다. '그래 아무 일이나 해보자' 마음을 굳게 먹었지만 쉽게 할 수 있는 일도 없었다. 나는 일자리를 찾기 시작했다. 내가 할 수 있는 일은 파출부나 식당 종업원 밖에 선택할 수 없었다. 파출일을 시작했는데 일을 못한다는 이유로 일당도 절반 밖에 받지 못했다. 파출일을 하며 겪은 어려움과 조금씩 받는 돈은 휴지처럼 쉽게 없어졌다. 힘이 들더라도 고정적인 수입이 있는 일을 찾아야겠다고 생각했다.

점심값도 들지 않고, 고정적으로 수입이 나올 수 있는 곳은 어디일까? 식당이었다.

식당에 가서 면접을 봤는데 사장님이 "이런 일을 해봤어요?"

"아뇨, 처음이에요" "이 일이 힘든데 할 수 있겠어요?"라며 "이런 일할 사람이 아닌 것 같은데" 하며 고개를 갸우뚱 거리며 "그럼 일단 일을 해보세요"라며 "일당으로 계산하고 일을 잘하면 월급으로 합시다"라고 말씀하셨다. 순간 나는 이젠 살았구나 하는 생각이 들었다. 테이블 번호도 외워야 하고 홀에서 손님 응대법 등을 익혔다.

손님이 없을 때는 주방에서 식재료 다듬는 일과 설거지를 하고, 주방과 홀을 쉴 틈없이 오가며 일을 했다. 그 시절에는 자기가 맡은 일만 하는 것이 아니라 바쁘면 주방과 홀을 오가며 일을 해야만 했다. 사장님은 나를 파악하는 시간으로 인내심과 체력의 한계를 테스트 한 것이었다. 잘 견디어 냈는지? 월급으로 하자고 사장님이 말씀 하셨을 때 말할 수없이 기뻤다. 온몸을 다 받쳐 일을 하고 집에 돌아오면 몸이 안 아픈 곳이 없이 팔다리가 쑤시고 아팠지만 한 달 후에 들어올 월급을 생각하며 견디고 또 견뎌냈다. 식당에서는 대 환영이었다. 나이도 어리고 기억력도 좋아서 손님이 원하는것을 미리미리 알아서 가져다 주니 팁도 받기도하고 사장님께서도 "복덩이"가 들어 왔다고 좋아하셨다.

3년 정도 식당에서 일을 하다 보니, 프로 수준으로 잘하게 되었지만, 마음 한구석에는

"내가 언제까지 식당에서 일을 해야 하나?" 하는 생각이 들어 좀더 효율성이 있는 일을 찾아야만 했다. 내 인생에서 파출부의 경험과 식당 종업원으로 일했던 것이 인생을 바꾸는 데 도움을 주었다. 이 일을 통해, 책임감을 배우고, 무엇보다, 가족을 위해 힘쓰는 것의 진정한 가치를 깨달았다.

시아버님의 그 한 마디, "광주리 장사를 해라."는 지금까지도

마음속 깊이 새겨졌다. 이 말은 어려울 때마다 나에게 힘을 북돋아 주었고, 스스로의 힘으로 일어서게 했다. 더 이상 의존하지 않고, 스스로 가족을 위해 돈을 벌어 저축하고 절약하며 살다 보니 집도 사고 승용차도 사게 되었다.

이 모든 경험을 통해 깨달은 것은, 어떠한 어려움 속에서도 희망을 잃지 않고 끝까지 도전하는 것이 중요하다는 것이다. "실패는 성공의 어머니"라는 말처럼, 모든 시련과 도전은 결국 우리를 성장시키는 계기가 될 것이다. 나의 이야기가 모든 도전과 시련을 겪고 있는 이들에게 희망과 용기를 주길 바란다. 어떠한 어려움도 우리를 꺾을 수 없다. 오히려 그것은 더욱 단단하게 만들게 하며, 삶의 진정한 가치를 깨닫게 해준다. 내 이야기는 그저 하나의 사례일 뿐이지만, 우리 모두가 각자의 삶에서 겪는 시련과 도전 속에서 더 큰 의미와 가치를 발견할 수 있다고 믿는다.

이 과정에서 중요한 것은 '끈기와 인내'이다. 때로는 나 자신도 모르게 무릎을 꿇고 싶은 순간이 찾아온다. 하지만 그때마다 시아버지의 말씀을 떠올린다. "광주리장사를 해라." 단순한 조언이 아니라, 무엇이든 시작할 수 있는 용기와 스스로의 삶을 개척해 나갈 수 있다는 믿음을 주는 귀중한 가르침이었다.

인생은 예측할 수 없는 도전의 연속이다. 하지만 그 도전을 통해 우리는 성장하고, 자신만의 길을 찾아간다. 실패와 시련은 결코 끝이 아니라 새로운 시작을 위한 발판이 될 수 있다. 우리는 절망 속에서도 희망의 끈을 놓지 않고, 더 나은 내일을 위해 계속 전진해야 한다.

내 이야기가 누군가에게 작은 위로와 힘이 되길 바라며, 이 말을 전하고 싶다. "네 안에 있는 무한한 가능성을 믿어라. 그리고 끝까지 도전하라. 네가 꿈꾸는 삶을 살아가는 당신이 바로 진정한 승자다."

이 길을 걷고 있는 이들이여, 포기하지 말고 끝까지 꿈을 향해 달려가길 바란다. 기억하라, "위대한 영혼에게는 의지가 있다면, 어떠한 장벽도 넘을 수 있다"는 사실을. 우리 모두가 그 위대한 영혼이 될 수 있음을 잊지 말자.

05

인생의 굴곡진 길에서 그리고 그 너머로

북힐공방

아이들을 키우며 나 자신을 희생했던 순간들은 내 인생에서 가장 힘들었던 순간 중 하나였다. 가족을 위해 바쁘게 살아가는 동안, 나는 아이들에게 해줄 수 있는 것이 없다는 생각에 많은 고민과 스트레스를 겪곤 했다. 아이들에게 필요한 것을 제공해 주고 싶었지만 그럴만한 능력이 크게 부족했다. 그로 인해 무력감을 느꼈고, 아이들에게 미안한 마음이 들었다. 남편에게는 아들과 딸이 있었다. 결혼생활은 순탄하지 않았다. 막내가 태어나고 4년 후 남편의 사업이 IMF라는 경제적 위기에 우리 가정 형편도 안 좋아졌다. 당장 아이들과 살아갈 일이 너무 막막했지만 가정주부로만 살던 내가 할 수 있는 일은 그리 많지 않았다. 무엇을 해서 먹고 살아야하나 걱정하던 때 지인의 권유로 음식점을 시작하게 되었고 경험이 전혀 없이 시작했기에 정말 많은 어려움을 겪으며 장사를 했었다.

지금 돌이켜보면, 결혼이란 인생의 큰 변화의 서막이었음을 왜 진작 몰랐나 싶다. 주어진 환경에 원망하고 후회도 했지만 아이들이 있었기에 변화를 받아들이며 살 수 밖에 없었다. 만약 부도가 났을 때 아이들이 없었다면 삶을 포기했거나 살아갈 이유가 없었다. 가족을 위해서라고 말하지만 먹고산다고 바빴고, 정작 내가 해준 것도 없는 것 같은데 아이들은 감사하게도 반듯하게 잘 성장해 주었다. 지금은 모두 가정을 꾸려 성실하게 살아가는 모습을 보면 그간의 고생도 잊을 만큼 행복하다고 느낄 때가 있다.

　큰아들과 딸은 내가 결혼을 하면서 온 마음으로 키운 나의 사랑스런 자녀들이다. 가족이 하나가 되기까지 아내로 엄마로 끊임없이 애쓰고 노력했다. 때로는 아이들 눈치를 보기도 했고, 내 자격지심에 다른 사람들이 곱지 않은 시선으로 볼까 봐 두려웠던 적도 있다. 오직 내 아이들을 보호해야겠다는 생각만 했다. 더 반듯한 생활 속에 자신을 철저히 가두고 가면을 쓰고 살아왔다. 좋다고 잘한다는 표현도 잘못해 준 부족한 엄마였지만 내가 선택한 우리 가족을 사랑했다. 남편은 나에게 부족한 부분을 하나씩 채워주고 아이들에게 사랑한다는 말을 자주 해주며 감싸주었다. 세 아이에게 공평해야 된다는 생각에 어린 막내에게는 더 다가서지 못했고 사랑해 주지 못해 지금도 많이 미안한 마음으로 남아 있다.

　동네에서 잘 알고 지내는 동생과 등산을 다녀오며 어느 날 점심을 먹게 되었다. "언니야 오늘 점심 메뉴는 순대국 먹어볼까?" 나는 조금 망설였지만 "사실 언니는 순대국을 잘 안 먹어."라며 내 이야기를 안 할 수가 없었다. "언니가 형부 사업 실패로 어려울 때 장사를 했어, 그때 메뉴가 순대국이었어." "장사를 그만두고는 순대국은 쳐다보지도 않고 먹지도 않았어." 동생이 "언니 여기 순대국집 냄새도 안 나고 맛있어."라는 말에 어쩔 수 없이 식당 안으로 들어갔다. 주마등처럼 30대 나의 청춘이 오버랩 되면서 그때는 창피한 것도 모르고 악착같이 먹고살려고 노력했던 지난 추억이 새록새록 떠올랐다. 무슨 배짱으로 하겠다고 했을까? 젊어서 그랬을까?

식당을 하면 아이들 밥은 먹일 수 있을 것 같았다. 그때 '그래 살아도 같이 살고 죽어도 같이 죽자'라는 말도 안 되는 용기는 어디서 나온 건지, 여자는 약해도 엄마는 강하다는 말이 맞다. 음식점을 해본 경험도 없이 어떻게 잘할 수 있겠는가? 장사가 잘되고 맛있다는 소문난 가게를 찾아가서 맛을 보고 그대로 만들어 봤다. 여러번 실패를 경험하고 나만의 레시피가 만들어졌다. 한번 다녀간 손님 입소문이 나면서 매일 오시는 단골손님이 생기기 시작했고, 경제적인 어려움도 좋아지게 되었다.

중학생이 된 아들은 주말이 되면 친구들을 데리고 우르르 몰려들어왔다. "엄마 배고파요. 친구들 밥 주세요." 한참 성장하는 아이들 입맛에 맞았는지 맛있게 먹고 게임하고 놀고 갔다.

사춘기 아들에게 엄마가 장사해서 창피하지 않냐고 물어봤다. "아니요 괜찮아요 친구들이 맛있다고 해요."라고 말해주는 속 깊은 아들이었다. 살다 보면 부부가 의견 충돌이 있어 아이들 앞에서 큰소리로 싸운 적이 있다. 그때 큰아들이 "아빠, 엄마한테 왜 그렇게 말하냐"라고 아빠에게 대들고 내 편을 들어준 든든한 아들이다. 우리 부부는 앞으로 싸울 일이 생기면, 저녁 장사 마치고 학교 운동장에서 만나기로 약속했다. 속상한 이야기도 하고 아이들 이야기도 주고받았던 기억이 있다. 지금 생각해도 아이들 앞에서 싸우지 않는 것은 잘한 일이다. 가정환경은 함께 부족한 부분을 채워주고 이해하고 내가 손해 보는듯해도 서로를 인정해 주지 않으면 함께 만들어갈 수가 없다. 좁은 집에서 몸으로 부딪치고 엄마가 가게 장사하는 것을 보고 자라서 그런지 일찍 철이 든 아이들이다. 학교 다니며 아르바이트도 하고 졸업 후 직장 다니더니 삼 남매 모두 사랑하는 사람을 만나 하나씩 가정을 이루었다.

막내까지 보내고 나니 허전하고 공허한 마음이 있었다. 나중에 알고 보니 그것이 빈 둥지 증후군이었다.

자녀들이 성인이 되어 독립적인 삶을 시작할 때, 특히 마지막 자녀가 집을 떠날 때 부모가 느끼는 슬픔과 상실감을 의미한다고 한다. 주로 양육 역할에 더 깊게 몰입했던 여성, 즉 엄마들에게 더 자주 나타나는 것으로 알려져 있다. 중년기는 자녀의 독립, 배우자의 은퇴, 폐경 등 다양한 인생의 변화를 함께 경험하는데, 인생의 유한성에 직면해 본질적 자아에 대한 성찰에 관심을 갖는 시기라고 한다. 삶의 의미가 없고 재미있는 것도 없고 열심히 살아온 삶 뒤에 목적을 잃어버린 감정들이 밀려오기 때문이라고 한다. 한편으로 자녀의 결혼은 내가 할 일을 다했다는 마침표와 같은 것이었다. 각자 직장 생활과 책임감을 갖고 행복하고 건강한 가정을 이루고 있다. 근면 성실하게 살고 있는 세 자녀를 볼 때 부모로서 대견하고 뿌듯한 마음이 든다. 가정이 있으니 자녀도 하나의 독립된 인격으로 대하게 된다. 부모로서 곁에서 잘 지켜봐 주고 내가 꼭 필요한 일이 있을 때는 도움을 주고 싶다.

그동안 꿈도 없이 주어진 환경에 먹고살기 바빴지만 자신을 똑바로 직면하지 않고 있던 시간을 이제는 나라는 사람이 뭐 하는 사람일까? 고민하게 되었다. 직장 생활과 가정주부로 병행하면서 살아왔지만 이제는 내 이름이 불리고 나를 찾아가는 시간을 만들기 시작했다. 모닝 챌린지를 시작하면서 일찍 일어나 보니 배울게 너무 많은 온라인이라는 플랫폼을 알게 되었다. 흔히 100세 시대라고 하는데 지금은 직장을 다니고 있지만 5년 후면 퇴직을 한다. 노후 준비는 꼭 해야 하는 일이 되었다. 새로운 정보와 변화하는 디지털 세계를 모르면 살기 쉽지 않은 세상이다. 디지털 문화에 익숙하지 않기에 하나씩 배우고 있고 책을 읽고 글을 쓰기 시작했다. 그동안 참 열심히 살아온 나에게 보상이라도 해주듯 아이들이 빨리 결혼한 덕분에 내가 공부할 여건이 만들어졌다. 고맙고 감사한 일들이다. 가족의 든든한 응원에 힘입어 앞으로 나의 꿈과 희망을 갖고 자기 계발에 꾸준히 노력하는 존경받는 엄마가 되고 싶다.

06

결혼은 창업이다

꿩알

"결혼은 창업, 60여년을 이끌어가야 한다"고 스타 강사 김미경은 말한다. 집안의 역사를 위한 시작점이며 내가 통제할 수 있는 자리를 만들어 가야 한다는 이야기를 한다. 내 꿈은 현모양처가 아니었다. 집안일에는 별관심도 없었고 사람들과 소통하는 걸 더 좋아해서 외부활동을 많이 했다. 결혼은 생각도 없었던 내가 이렇게 빨리 결혼하게 될 거라고는 상상도 못했다.

나는 공무원이 되기 위해 행정학과를 지원했다. 공무원이 되어 뭔가 사회에 기여하는 일을 하고 싶었던 것이다. 행정공무원이 되겠다는 꿈을 위한 노력이 아주 약했다. 실력도 갖추지 않고 7급시험에 응시했다. 준비도 제대로 못하고 시험을 봤으니 떨어지는 게 당연하다. 정말로 하고 싶었다면 악착같이 준비 했어야 했다. 학교 다닐 때 도서관에서 열심히 준비하던 친구들은 취업을 해나가는데 나는 외부 활동을 하다 보니 놓친 게 많았다. 능력을 키워 놓아야 기회도 보이는 법이다. 내 실력을 만들어 놓지 않아서 기회를 잡을 수 없는 것이다. 분주하게 활동만 하고 내 실속을 다지지 못한 것이 후회되었다. 졸업을 하고 취업준비로 마음이 바빴다. 시험에 재도전을 하기위해 1년 재수를 하고 싶었지만 먹고 살길을 찾아야 하는 상황에 놓여졌다. 나 자신에게 이루 말할 수 없는 실망감을 느꼈고 한없은 자책감에 지하 밑바닥 속으로 나를 끌어 내렸다. 나를 챙기지 않고 겉으로 드러나는 활동에 더 취중 한 나머지 내 꿈을 위한 준비를 미루었더니 내 것이 없었다. 미룬다는 것 압박에 대한 두려움이 있어서일까, 행동하지 않은 것이 취업을 하지 못했던 이유였다.

대학시절 총학생회 활동을 하면서 지금의 남편을 만났다. 서로를 챙기다 보니 친해지면서 함께하는 시간이 많아졌다. 무슨 얘기를 해도 잘 들어주고 공감해 주었다. 온통 나에게 집중해주었고 나를 즐겁게 해주려 애쓰는 그와 연애를 하게 되었다. 학생회 사람들 몰래 우리는 커플이 되어 바쁘고도 즐거운 학교생활을 했다.졸업 후 취업을 고민하고 있을 당시에 남편이 함께 살자고 프로포즈를 했다. 자기를 믿고 함께하자고 한다. 망설였다. 그도 넉넉하지 않은 상황 이였고 한편으론 아무것도 없이 시작하는 게 두렵기도 했다.

무모한 인생 도전에 결혼을 선택하게 되었다. 결혼으로 나는 창업을 하게 된 것이다. 결혼을 하기까지 힘든 난관에 부딪쳤고 겁없이 시작하는 건 아닌지 걱정도 많았다. 부모님을 설득시키고 허락을 받을 때까지 참고 이겨내야 하는 순간이 너무 힘들었다.

가난하고 가진 것 없이 시작하는 결혼을 엄마는 엄청 반대하셨고 나를 너무나 아끼고 사랑해 주셨던 아버지는 속은 상해도 남편을 더 이해해 주셨다. "사람 괜찮으면 된다, 가난한 부모 밑에 태어나고 싶어서 태어난 게 아니니까."라며 받아 주실 때 진짜 어른 같이 보였다. 아버지는 사람을 소중하게 생각하셨다. 사람은 누구나 선택의 순간이 오면 해야 할지 말아야 할지를 본인이 선택해야 한다. 어떤 선택을 하던지 책임감을 가진다면 삶이 아름답지 않을까? 나는 내가 선택한길을 뚜벅뚜벅 걸어갔다. 자기의 역할을 충실히 하며 가정을 위해 노력하고 배려해야 가정의 울타리를 만들 수 있다. 매일 일 밖에 모를 정도로 일에 묻혀 산 남편 덕에 우리 가정은 부유하게 살아 갈 수 있었다. 남편에게 진심으로 감사하다.

결혼을 선택했다. 결혼할 때 주변사람들이 모두가 놀랐고, 또 실망했지만 30여년을 애쓰고 노력하며 살아가고 있다. 결혼을 왜 했냐고 묻는다면 부모로부터 독립해서 내가 통제할 수 있는 자리를 만들고 싶었다. 도전하면서 성취감도 생겼다. 하나하나 이루어가는 기쁨도 있고 아이를 낳아 키우면서 나는 어른이 되어갔다. 하나가 아닌 둘이 함께여서 인생 덜 외롭고 서로 의지하며 삶을 채워 갈 수 있었다.

시작은 다르지만 어떻게 사느냐는 마음먹기 달렸다. 결혼이 창업이 되어 치열하게 살아냈다. 남들과 비교를 했다면 시작도 못했을 것 같다. 오늘도 새로운 도전을 꿈꾸며 새로운 창업 제2의 인생을 준비한다. 아이들이 다 성장해서 독립을 해 나갔다. 어떤 꿈을 꾸던지 이제는 서로에게 격려와 응원을 해주는 사이가 되었다. 감사하고 행복한 지금을 살아간다.

07

건강하고 즐거운 노후 생활을 위한
삶을 시작했다.

이채원

30대 중반 내 삶이 가장 힘들었을 때 막내 고모님의 말이 머릿속에 남아있다. "즐겁게 살아라"라는 평범한 말이지만 나에게는 소중한 한마디였다. 왜 그렇게 많은 것에 신경 쓰고 애쓰며 살아왔음에도 삶을 즐겁게 살아나가지 못했는지 모르겠다. 아마도 내 성격 때문이었을까? 홀로서기를 하면서 나를 돌아보았고 세상을 똑바로 바라볼수 있게 되었다. 남들의 눈치를 보지 않고 감정 표현을 하였다. 세상을 긍정적으로 밝고 자신있게 살아가면서 희망을 꿈꾸며 치열하게 살았다.

어린 시절에 제일 힘든 부분은 부모님께 돈을 달라고 할 때였다. 제때 말하기 힘들어서 한번에 모아서 말하다 보니 그 당시에는 큰돈이 되었다. 한두 번은 육성회비 기한일자가 다가오는데 말을 하지 못해 날짜가 지나버렸다. 선생님에게 불려가서 납부하라는 독촉을 받았다. 그 당시 용돈은 모아서 학교 저축으로 졸업시에 찾을 수밖에 없었다. 그 돈은 중학교, 고등학교, 대학교 갈 때 등록금으로 내었다. 장녀라 부모님의 경제적 부담을 들어드리려고 그랬던 것 같다. 교복도 기성복을 구매해서 입었고, 교복 자율화로 사복을 입을 때도 교복을 입고 다니기도 했다. 부모님 역시 무엇이든지 돈벌이가 되는 일이면 하셨다. 농사철이 아닌 농한기에는 평상을 만들었고, 겨울 아침, 저녁으로는 새끼줄을 꽈서 팔았다. 고구마는 말리고 대나무와 생강을 키워서 팔았다. 아버지께서 돌아가실때에도 사후에 남은 가족들이 불편함이 없이 지낼수 있도록 모든 준비를 해두고 가신 것에 대해서 감사와 존경을 표하고 싶다. 시골집은 엄마가 편히 지내 실 수 있도록 리모델링 한것과 얼마되지 않는 재산을 미리 잘 분배해두셔서 형제간에 아무런 분쟁 없이 잘 마무리되었다. 아버지께서는 네 명의 자녀들 교육과 부양해야 할 어른들이 계셨다. 나의 부모님은 다행히 젊으셨다. 넉넉하지는 않았지만 부족하지도 않게 살았다. 나는 누구보다 사랑도 듬뿍 받으면서 긍정적으로 성장했다. 그때부터 경제적인 관념은 확고하게 자리 잡았다. 내가 돈을 벌면 좀 여유롭게 살고 싶어 공부를 했다. 우리 집은 외할아버지와 외활머니를 포함해서 농사철이나 손님이 오면 10명을 넘어설 때도 많았다. 외가댁에서 살았기 때문에 일가 친척들이 모두 객지로 나가서 더욱 그랬다.

나는 평소에 여유로운 노후 생활을 위해 준비해 왔다. 2003년에 시작한 두 번째 직장생활은 남들보다 늦었다. 첫 발령부터 긴장의 연속이었지만 주위 직장 동료들의 격려 덕분에 적응을 잘할 수 있게 되었다. 그렇지만 언제든지 다른 준비가 되어 있으면 명예퇴직을 하리라는 계획을 하였다. 개인연금도 넣고 행정공제도 돈이 여유가 될 때는 많이 하였다. 그동안 상황이 바뀌어 20년을 근무하고 그만두기로 마음먹었다. 3년을 남겨 두고는 시간이 왜 그리도 가지 않는지…. 직장생활은 재미가 없고, 자꾸만 그만두고 싶다는 생각이 들었다. 평소에는 일하지 않고는 살지 못한다는 생각이었는데 그 무렵에는 생각까지도 바뀌는 시기였다. 앞으로 무엇을 하며 "어떻게 살아갈까"를 고민했다.

살아왔던 경험으로 내 인생은 그 누구도 나를 대신할 수 없다. 하나의 예로 힘들었던 지난날 무미건조한 삶을 벗어나기 위해 주식을 하였다. 주식을 팔아야 할 시점에 명상 공부를 하러 갈 때라 매도를 할 수가 없었다. 그래서 큰 올케한테 사이버 트레이딩으로 하는 걸 알려줬는데 할 줄 몰라 시기를 놓쳐 팔지 못해 손해를 보았다.

노후에 건강하고 여유로운 생활을 해야 한다는 것을 퇴직한 지인들을 만나고 얘기를 하면서 느꼈다. 2022년은 MKYU에 입학해서 책도 읽고 강의도 들었다. 미라클모닝 514 챌린지를 하면서 새로운 일을 찾기 시작했다. 작년에는 무엇을 할지 결정하고, 나의 열등감이었던 평소 일을 하면서 어려웠던 글쓰기와 말하기부터 도전하게 되었다. 나컨세스쿨의 글쓰기 연구반과 열혈맘의 독서 모임에 참여해서 나를 발전시켜 나갔다. 2024년은 하고 싶은 일을 위해 기본에 충실하면서 도전해 나간다. 시작에 의미를 두었다면 이제는 결실을 위한 발걸음을 떼었다. 그동안 직장이나 사회에서도 퇴직에 관한 생각들이 많이 변화되었다. 명예퇴직을 한다고 할때 끝까지 하라고 말렸지만, 지금은 다들 부러워하면서 축하한다. 백세시대에 늦게 시작해 빨리 나가면 제2의 인생도 남들보다 빠르면서 꿈을 이룰수 있다. 올해에는 건강 회복을 최우선으로 생각하면서 많이 좋아졌다. 매일 30분이상 걷기와 월, 목요일 저녁에 요가 필라테스를 한다. 건강교실과정 교육 바른자세 몸살림운동까지 주2회 1일 2시간 한다. 도서관에서 운영하는 MBTI & CPA 검사를 통한 자기 이해 프로그램도 나를 알고 상대를 이해하기 위해서 배웠다.

나를 돌아보기를 하기 위한 명상은 일상생활이다. 모든 것이 기본인 글쓰기와 말하기를 위해 매일 책을 읽고 강의를 듣고 배우면서 나의 것으로 만든다. 명상은 청명사 활동에 참여하고 줌 강의나 대면으로 강의를 듣고 시연을 꾸준히 한다. 학교 명상교육의 수요가 늘어나면서 강의 내용도 많이 다양해지고 있다. 진로와 상담도 일부 들어가면서 공부할 것도 많아진다. 처음 접하는 것들을 배우면서 반복 연습을 하는 길밖에는 없을 것이다. 글쓰기와 말하기 및 명상보조를 하기 위한 책을 매주 한 권 이상은 읽으면서 50권을 목표로 하고 있다. 예전의 건강상태로 회복되면 제일하고 싶은 수영과 작년에 이어 30분 달리기를 계속 하기로 한다. 달리기를 하면서 육상을 하는 아들을 이해할 수 있고 집중에도 도움이 되기 때문이다. 글쓰기도 하면서 꾸준한 습관을 만들기 위해 미라클 독서 모임에 참여한다. 앞으로 하고 싶은 명상관련 일은 시간을 들여 대면으로도 하고 봉사할 일들이 있으면 적극적으로 나선다.

늦은 두 번째 직장생활로 연금이 아직 나오지 않는다. 퇴직을 하면서 발생되는 경제적인 문제는 그동안 준비를 해왔다. 돈은 살아가는데 여유로워야 한다는 것도 일찍부터 깨달았다. 저축해 둔 개인연금과 행정공제회 저축을 매월 받기로 했다. 제일 문제가 되는 것은 대출로 매입한 오피스텔을 공인중개사에게 매매로 내어 놓았다. 투자 목적이 아니라 그 당시에는 필요해서 산 것이기 때문이다. 가장 확실한 노후대비는 "평생 현역"이라는데 "나는 70살까지 일을 할 수 있을까?"라고 생각해본다. 퇴직 후 나만의 시간을 갖고 창직을 하며 틈틈이 준비를 한다. 우리 집 가훈인 "일체유심조" 모든 것은 마음먹기에 달려있다. 목표를 향해 꾸준히 노력하고 부족한 부분을 채워나간다. 그렇게 하여 마음먹은 대로 되어가고 있는 나 자신을 보면 가슴이 뿌듯해진다.

가화만사성(家和萬事成)이라는 우리나라 속담은 '집안이 화목하면 모든 일이 이루어진다'라는 말은 오늘날에도 가정의 평화와 행복한 생활에 중요한 역할을 한다고 생각한다. 누구보다도 가정의 중요성을 알고 피부로 몸소 체험하였기에 행복한 가정을 이루려고 노력한다. 나를 변화시키고 경청, 공감하며 상대방을 존중하고 배려하면서 진정한 부부로서 살아갔으면 하는 바램이다.

"어떻게 하면 글을 잘 쓰고 말을 잘 할 수 있을까?" 학창 시절 국어공부가 안 되어있어 그럴까? 그래도 책은 좀 읽었는데….

읽기만 했지 내 것으로 만들지는 못했다는 문제점을 알았다. 한 번 읽고는 다시 읽지 않았다. 국어 시간이 생각난다. 암기를 잘못 해서 시 외우기가 제일 싫었다. 국어선생님이 친구 아버지라 더욱 신경이 쓰였다. 그리고 수업끝나기 10분전에 감명깊게 읽은 책을 발표하는 시간이 있었는데 그 시간에 다 발표를 하지 못해 몇 번에 걸쳐서 하였다. 감기가 와서 몸 상태가 좋지 않았는데도 선생님께서 끝까지 시켰다. 몇 사람 하지 못하고 그만둬야 했다. 내가 발표력이 부족해서 시켰을까? 첫 번째 직장생활은 학교강사였다. 그런 경험이 있었기에 지금은 잘하고 싶은데 그때와는 또 다른 분야의 수업이라 잘되지 않아 주위의 가르침과 도움이 있지만 나아가지 못하고 있는 것 같아 연습이 많이 필요하다는 것을 느낀다. '나는 할수 있다'고 다짐한다. '못할 것도 없지' 마음을 다잡으며 관련되는 공부 분야를 배우고 익히면서 앞으로의 할 일을 지속적으로 해나간다.

1년후의 나는 모습은 어떨까?
원했던 나의 모습과 마주하며 건강한 삶을 살아가고 있겠지. 지금의 노력이 그때는 웃는 모습으로 여유로움과 아름답고 멋진 노후를 누리고 있을거라 생각한다. 시작이 이렇게 힘들줄이야! 내가 좋아하는 일을 하기 위해서는 극기복례(克己復禮) 해서 성장하는 삶으로 한걸음씩 나아간다. 꿈꾸는 삶을 위해 고군분투하는 나를 칭찬하고 격려하며 토닥여주고 싶다. 잘 하고 있어! 힘내! 채원아!

글쓰기를 위해 꾸준하게 책을 읽고 있다. 기록하는 습관은 지금은 가끔 하고 있지만 앞으로는 독서 모임을 통해서 꾸준히 하도록 노력해야겠다. 글쓰기와 예쁘게 논리적으로 말하기가 되면 성공의 길에 절반은 접어든다고 생각한다. 그 날을 위해 오늘도 나 자신과 씨름하고 있다.

제 2 장

나를
온전히 바라봐 준적은
언제였을까?

01

사십 중반이 되어서야 내가 보였다.

김원배

2012년 1월 중순 찬바람을 맞으며 강남고속버스터미널에서 대구행 버스를 탔다. 서울을 떠나는 마음이 설레이기도 했고, 미지의 세계로 도전하는 것이 불안하기도 했다. 대구가 가까워지면서 내가 선택한 일이 잘 한 것인지 아니면 고생길인지 걱정이 되기도 했고, 포기할까도 망설였다. 고속버스가 대구버스터미널에 도착하고 케리어 가방을 들고 버스에서 내렸다. 한 겨울이었지만 대구는 서울보다는 따뜻하게 나를 맞아줬다. 택시를 타고 인터불고 호텔까지 이동했다. 호텔 연수 장소에 도착하니 아는 선생님은 한 분도 없고 나 혼자였다. 2주일 동안 호텔에서 지내야 함으로 방이 배정되고 룸메이터가 정해졌다. 종로구에 있는 D중학교 선생님과 한 방을 쓰게되었는데 점심 식사를 하면서 B중학교 C선생님으로 바뀌었다. 서로 아는 두 분이 함께 룸메이트를 하고 싶다고 해서 바꿔줬다. 룸메이트를 바꾸면서 또 다른 인연이 형

성됐다. 대구 인터불고호텔에서 시작된 진로진학상담교사 부전공 연수 6개월간의 여정이 나의 인생을 180도 바꾸게 만드는 계기가 됐다.

겨울방학에 시작한 진로진학상담교사 부전공연수는 그 해 8월 말까지 이어졌고 2012년 9월 드디어 진로진학상담교사로 재발령 받았다. 600여시간의 자격연수는 학생들의 진로교육 뿐만 아니라 나의 잠재 되어 있는 능력도 깨우치게 하는 계기가 된 것이다. 대학을 졸업하고 직장다니면 배움은 끝이라고 생각했는데 평생 동안 배워야 하고 나이를 먹어서도 꿈을 키울 수 있다는 사실을 알게 됐다. '하늘은 스스로 돕는자를 돕는다'라는 말의 의미가 성공한 사람들만의 이야기가 아니라 내가 그 주인공이 될 수도 있다는 생각을 하게 됐다.

진로교사 부전공연수는 사십평생 살아오면서 생각해 보지 않았던 나의 꿈에 대해 생각해 보게 했다. 주어진 일에 성실하게 다하는 삶이 정답은 아니라는 생각이 들었다. 생각하면서 이야기하는 것이 어려웠던 나에게 꿈에 대해 생각해 보는 것은 쉬운 일이 아니었다. 인류가 예측가능한 삶을 살아왔다면 지금 시대의 문명을 이루지 못했을 것이다. 몇 년 전 동생이 해준 말이 떠올랐다. "내 동창 중에 초등학교 중학교 때는 얌전하고 아무것도 못할 것 같은 아이가 지금은 K공사에서 임원으로 일하고 있대, 동창회 처

음 나왔는데 완전히 다른 사람이 되었더라구" 이 친구도 예측가
능한 대로 살아온 것이 아니라 세상을 바라보고 스스로 성장하려
는 노력 속에서 친구들이 예측하지 못한 전혀 다른 삶을 살아가
고 있을 것이다. 40대 중반이 되면서 바쁘게 살아왔던 지난날을
후회하기 보다는 앞으로의 40년을 어떻게 살아갈 것인지 계획을
세워보기로 했다.

 미래학자 조엘 바커는 "행동이 뒤따르지 않는 비전은 꿈과 같
다. 비전이 없는 행동은 무작위적인 행동과도 같다. 비전과 행동
이 함께할 때 세상을 바꿀 수 있다."라는 말을 남겼다. 집에서도
형광등 교체하는 것 외에는 할 줄 아는 것이 없는 내가 도전할 수
있는 것은 한정 되어 있다. 가장 쉽게 가장 잘하는 것을 찾는 것
이 우선이어서 새벽 시간을 활용하기로 했다. 어려서부터 밤9시
이후를 넘겨서 잠자리에 든 적이 별로 없다.
 시골 집에서는 부모님이 일년에 10번 이상 제사를 지냈지만 나
는 한 번도 참여 한적이 없다. 아니 솔직히 말하면 참여를 못했
다. 부모님도 굳이 깨우려고 하지 않으셨다. 왜냐면 9시 전에 잠
이 들어버렸기 때문이다. 평생 동안 내가 잘 할 수 있는 것은 새
벽에 일찍 잠자리에서 일어나는 것이다. 이 시간을 어떻게 활용
할까? 우선 독서와 글쓰기 공부를 해보기로 계획을 세우고 매일
새벽3시부터 7시까지 실천하기로 한다.
 뭔가 계획을 세우면 작심삼일로 끝났던 일들이 내가 좋아하고

뭔가 성장하겠다는 목표가 생기자 꾸준히 해보고 싶다는 생각으로 즐겨 마셨던 술자리도 정리했다.

진로교육을 하면서 깨달은 것은 인생에는 꼭 필요한 자본이 있다는 것이다. 목표, 준비, 도전, 믿음, 용기, 실천, 창조다. 힌두교 경전에는 "인간은 자기 생각한대로 이루어진다"는 말이 있다. 내가 변하고 성장하려면 내가 중심이 되어야 한다는 것이다. 40대 중반까지 다른 사람들 눈치 보면서 의기소침했던 시절을 보냈다면 40대 중반 이후의 삶은 내 삶을 스스로 개척하면서 나만의 역사를 만들고 있다는 것이다. 세상에 어떠한 일도 실패 없이 한방에 이루어지는 것은 퍽 드물다. 살면서 어떤 일에 집중하고 시간을 투자하느냐에 따라 얻게 되는 소득과 성공은 분명히 다를 것이다. 평생 계획 세운 것들을 작심삼일만에 끝내버리는 일들이 반복된다면 내 삶은 황무지가 될 것이다. 사명감을 가지고 꾸준히 노력하는 사람은 언젠가는 자신의 진로 목표를 달성한다는 말을 나는 완전 신뢰한다. 얼마나 효율적으로 시간을 활용하면서 집중하는가에 따라서 내 삶의 역사는 차곡차곡 쌓여갈 것이다.

"미친 실행력이 답이다"라는 말을 나는 참 좋아한다. "실행 없는 열정은 쓰레기다"라는 말도 사랑한다. 진로교사 하면서 느낀 것이 하나 있다. 미래의 비전이나 꿈은 머리로만 생각하는 것이 아니라 가슴으로 느끼고 행동으로 옮기는 것이다. 10권의 책을 출간했고, 전국을 돌며 강의할 수 있었던 힘은 바로 미친 실행력 덕분이다. 작심삼일로 끝나는 일들이 많았던 내가 집중해서 실행력을 꾸준하게 발휘할 수 있었던 것은 나의 성향과 맞았기 때문이다. 나는 새로운 것에 도전하는 것을 즐긴다. 동료교사들과 식사자리에서 학생생활지도나 수업 방법에 대한 이야기를 들으면 그 다음날 수업시간에 활용해본다. 그리고 나의 성향에 맞으면 그 수업방법은 내것이 되는 것이다. 아이디어를 듣고 바로 실행에 옮기지 않으면 불안하고 후회할 것 같은 생각이 먼저 든다. 일단 시도해보고 나서 후회해도 된다는 마음가짐을 항상 갖고 살고 있다.

해리포터 저자 조앤 K 롤링은 "제 인생은 철저히 실패의 연속이었는데 그 실패는 불필요한 것들을 제거하는 과정이었고 가장 중요한 것은 모든 것을 쏟아 부을 수 있는 자유를 느끼게 했다. 제가 가장 두려워 했던 실패가 현실이 되었기에 저는 오히려 자유로워질 수 있었다."라고 말한다. 지금 나는 모든 것을 내 삶에 쏟아붓고 있다. 글쓰기와 독서활동 그리고 강연을 하면서 더 큰 목표를 향해 비상하고 있는 것이다. 주변을 의식하지 않고 나를 오롯이 바라보면서 내가 해야 할 목표들이 생기게 됐다. 요즘은 건강을 위해 프로젝트를 실행중이다. 강원도 고성에서 부산 해운대까지 동해바다길인 해파랑길을 걷는 것이다. 트레킹천국 동호회에서 진행되는 프로젝트로 2주마다 토요일에 출발한다. 전국을 걸어야겠다는 목표는 퇴직 후의 버킷리스트였다. 우연한 기회에 2023년 9월에 트레킹 동호회에 가입을 하게 됐고 기회있을 때마다 꾸준히 다니다가 해파랑길 50코스에 도전하게 된 것이다. 오십 중반을 넘어서면서 도전할 것들이 하나씩 늘어난다.

동해 짙푸른 바다와 파도치는 모습을 바라보면서 깊이 생각해 보기도 한다. '내가 진로교사를 하지 않았다면 나는 어떤 삶을 살고 있을까?' 아직도 퇴근 후 술집을 찾아다니면서 전전긍긍 아무런 목표도 없이 살고 있을 것이다. 인간에게는 세 번의 기회가 있다고 한다. 그 세 번의 기회 중에 교육대학원에서 교사자격증 취득, 진로진학상담교사를 하면서 책을 쓰고 강연을 하는 작가로 두 개를 잡았다. 마지막 하나를 잡기 위해 오늘도 읽고 쓰고 걷는 중이다. "김샘, 잠을 푹자야지" 주변에서는 너무 일찍 일어나는 것에 걱정들을 한다. 그런데 저녁 일찍 잠자리에 들기 때문에 하루 적정량은 채운다고 생각한다.

나 자신을 오롯이 바라보면서 나만의 역사를 만들어가는 중이다. 지금 내가 하는 모든 활동들이 언젠가는 커다란 울림이 되어 되돌아 올 것으로 기대가 된다. 불확실하지만 나는 나 자신을 믿고 노력은 언제나 배신하지 않는다는 진리를 믿고 있기 때문이다. 주변에서는 왜 그렇게 피곤하게 사느냐고 걱정을 하고들 있지만 이렇게 사는 것이 나에게는 즐거움이고 행복이다.

사십 중반이 넘어서야 내 자신이 보이기 시작했다. 현재에 안주하기 보다는 뭔가 내 능력을 향상시키고 이룰 수 있다는 믿음이 나를 성장시키는 계기가 된 것이다. 지금의 편리함에 익숙해져서는 안된다. 나 자신의 적은 옆에 있는 동료가 아니라 안정감, 편안함이다. 행복을 만드는 길은 내가 나의 길을 순탄하게 가는 것이다. 중년이 되면서 나 자신을 믿기 시작했다. 앞으로의 삶도 나 자신을 믿으면서 실천해 나갈 것이다. 그 앞길이 어떤 결과물을 만들어낼지는 모르지만 내가 원하는 미래를 꿈꾸면서 한 발자국씩 내딛고 있다.

함께 한 시간속에서 나의 꿈이 시작되었다

02

내가 놓친 시간을 마주 했을 때

나컨세

요즘도 꼭 빼놓지 않는 나의 루틴이 있다면 매일 최소 1시간은 무조건 걷는 것이다. 평일에는 출근할 때, 점심, 퇴근 시간의 자투리 시간들을 활용해서 걷고 주말에는 1만 보 이상을 걸으려고 노력한다. 일상을 뚜벅이로 생활하다 보니 걷기에 대해 크게 신경을 쓰고 살지는 않았던 것 같다. '나답게 좀 살고 싶다'는 생각이 스며들기 시작한 2021년 전까지는 말이다. 2020년 여름의 어느 날, 사무실 책상 위에 조그맣게 놓인 거울에 비친 나의 얼굴을 정말 아무 생각 없이 스쳐보게 된 순간이 있었다. 그때의 내 얼굴을 설명하자면, 너무나도 어두운 표정, 꾹 다문 입술, 한없이 찌푸린 이마의 자국들, 힘이 없는 눈동자. 지금 생각해 보면 그때부터 조금씩 가슴이 턱하고 막히는 답답함을 느끼기 시작한 게 아닐까 한다. 그날 퇴근하는 지하철 안에서 시간을 확인하려는 차 스마트폰 겉면에 비친 나의 얼굴이 보였고 다시금 낮에 거울에 비쳤던 표정이 떠올랐다. 사람들 틈에 비좁게 서있던 나는 갑자기 답답함을 느꼈고 그 자리를 벗어나고 싶어졌다. 아직 정차할 역이 아닌데 문이 열리자마자 사람들을 뚫고 급하게 내렸고 몇 대의 지하철을 보내고 나서야 다시 탑승해 집으로 갈 수 있었다. 다른 날보다 조금 예민해서 그랬거니 생각하며 대수롭지 않게 넘긴 하루였다.

며칠 후 평소와 다름없이 출근길에 올랐고 조금이라도 빨리 내리기 위해 문이 열리는 쪽으로 서있었다. 역에 도착 후 문이 열리자 많은 사람들이 일사불란하게 걷거나 뛰기 시작했다. 계단을 오르락내리락 하면서 각자의 회사로 향하는 사람들의 뒷모습을 보며 문득 '내 뒤에 있는 사람도 나와 같은 시선으로 나를 바라보고 있나? 나는 지금 무엇을 위해 뛰어가고 있지?' 이 생각으로 회사로 가던 나의 발걸음을 잠시 멈추게 되었다.

정말 아주아주 짧은 시간이었고 '아, 나 지금 출근 중이지!!'하며 다시 정신을 차리고서야 발을 뗄 수 있었다. 출근길에 있었던 일은 하루 종일 머릿속을 떠나지 않았고 책상 위에 있는 거울을 자꾸 의식하며 내 표정을 살피기 시작했다. 그날 이후부터 매일의 출퇴근 지하철 안은 점점 나를 답답함으로 옥죄어 왔고 되도록이면 내 모습이 비치지 않는 방향으로 서있곤 했었다. 며칠 후 스마트폰 앞면에 비치는 모습도 보기가 싫어 보호필름도 무광으로 교체를 하였다. 이유가 무엇이었을까? 찰나의 스친 내 모습이 스스로에게 각인이 되어서 그랬던 것일까? 20년 가까이 회사 생활을 하면서 다양한 이유로 스트레스도 많이 받았었지만 심적으로 이렇게까지 힘든 적은 거의 없었다.

'나'란 사람은 호기심이 너무도 많아 이것저것 해보는 것을 즐겨 한다. 일단 해보고 아니다 싶은 것은 미련을 두지 않지만 한번 이거다 싶은 것은 진저리 날 때까지 해보는 성격의 소유자다. 맡은 일에 대해서도 하고 싶은 일에 대해서도 언제나 열정적으로 부딪히며 살아야 더 힘을 내는 그런 사람이다. 스스로가 선택한 것에 대해 후회도 미련도 남기고 싶지 않기 때문이다. 그래서였을까. 더더욱 이런 반응을 보이는 나 자신이 너무나 낯설고 '내가 왜 이러지? 문제가 생긴 건가?' 더 이상 내가 아닌듯한 생각들로 혼란스러웠다. 지금까지 열심히 살아온 인생인데 왜 40대인 지금에 와서 때아닌 사춘기적 감정이 다시 살아난 것일까? 차라리 감기 몸살에 걸린 거라면 약 먹고 끙끙 앓더라도 며칠 푹 쉬면 지나갈 수 있는 일이다. 그렇지만 이 문제는 며칠 쉰다고 해서, 며칠 끙끙 앓는다고 해서 해결될 수 있는 일이 아니었다. 바쁜 일상의 핑계로 나를 돌보지 못한 누적의 시간들이 쌓이고 쌓여 탈이 난 것이기 때문이다. 그때는 알지 못했었다. 지금의 나였다면 바로 쉼의 시간을 나에게 선물했을 것이다.

"아무것도 하지 않아도 돼~ 모두 책임 안 지어도 돼~ 일단 너만 생각해~ 우리 잠시만 쉬자~"라고 나를 다독여 주었을 것이다.

나를 에워싼 그 답답함을 벗어 던져 버리고 싶었다. 사무실에서 정말 못 참는 순간이 왔을 때는 밖으로 뛰쳐나와 바람을 쐬곤했다. 긴 호흡으로 들이쉬고 내뱉고를 반복하면서 나를 조금씩 달래었다.조금 진정이 되고 나면 잠시 주변을 거닐었고 그 느낌이 나쁘지 않아 이 시간을 조금 더 오래 지속하고 싶은 마음이 들기 시작했다. 직장인이 그나마 마음대로 쓸 수 있는 시간은 점심시간이라 특별한 약속이 없으면 밥을 먹는 대신 주위를 걸어 다녔다. 사실은 웬만하면 약속을 잡지도 않았었다. 오로시 나한테 집중하는 시간을 가지고 싶어서였다. 누구에게도 방해받고 싶지 않았다. 한동안은 아무런 생각도 하지 않고 그냥 무작정 걸어 다녔다.

답답함은 직장에 있을 때만의 문제가 아니어서 주말에도 집에서 뛰쳐나가 또 걸었다. 반년을 그렇게 보내고 나서부터인가 답답함은 조금씩 사그라들기 시작했다. 걸으면서 가장 좋았던 것은 아무런 생각을 하지 않아도 굳이 말을 하지 않아도 되는 것이었다. 그 시간이 나에게는 치유의 시간이 되었다. 여느 주말과 같이 개천가를 걷고 있는데 오리들이 물놀이를 하고 있는 모습이 너무나도 귀여워 잠시 쉬면서 그 모습을 지켜보았다. 평화로운 시간을 보내는 오리들을 한참 지켜보면서 문득 나에게 이런 질문이 시작되었다.

'너는 왜 이러고 혼자 걷고 있어?'

'가장 너를 힘들게 했던 게 어떤 거야?'

'무엇을 하면 행복할 것 같아?'

'언제 가장 행복했어?'

'무엇을 하면 행복할 것 같아?' 이 질문이 머릿속을 떠나지를 않았었다. 보름 가까이 매일 나에게 똑같이 던졌지만 그 어떤 대답도 확실하게 하지를 못했다.

30대 중반 이후로 '나'보다는 가족을 위한 삶을 살아왔다. 물론 누군가는 결혼도 하지 않고 자식도 없는데 무엇이 그리 힘들어서 이런 이야기를 하느냐고 말을 할 수도 있다. 인생은 겉으로 보이는 삶의 모습과 그 안에서 살아가는 모습이 다를 수 있기에 누구의 인생이 더 힘들다고 감히 판단을 해서는 안 된다고 이야기해 주고 싶다. 마냥 행복하게 웃고만 사는 사람일지라도 그 안에서는 남몰래 많은 눈물을 흘리고 있을 수도 있다. 가족을 위해 살아온 인생을 후회하지는 않는다. 다만 '나'를 놓친 시간들에 대해 다시금 찾아보고 싶을 뿐이었다. 그때부터 나를 행복하게 할 수 있는 것을 찾는 것에 집중하기 시작했다. 과거의 나를 되돌아보면서 언제 가장 행복했었는지도 찬찬이 되짚어 보고 싶어졌다. 지금의 '나컨세(나를 찾아가는 컨텐츠 세상 여행)'가 탄생한 배경이 이때부터였을 것이다. '나'를 제대로 들여다 보기 위해 탐구를 시작했고 종이 위에 내가 좋아하는 것을 적어 보기 시작했다. '맛있는 거 먹는 것, 수다, 책, 여행, 영화, 음악, 커피, 산책…'. 조금 더 구체적으로 생각을 해보고 싶어졌다. '맛있는 거 먹는 것?' 문득 어렸을 적 1개에 50원하던 핫도그 2개를 손에 쥐여주면 마냥 해맑게 웃으며 뛰어다니던 어린 소녀가 떠올랐다. 장날에만 섰던 떡볶이를 먹기 위해 친구들과 1000원을 모아 신나게 달려갔던 일, 추운 겨울 연탄불에 구워 먹던 닭발. 이런저런 생각을 하는 사이 나도 모르게 입가에 미소가 지어지고 있었다. 물론 어른이 된 지금 핫도그 2개를 손에 쥐여 준다고 해서 해맑게 뛰어다니지는 못할 것이다. 다만 어렸을 적 행복했던 기억으로 40대인 지금의 나를 미소 짓게 만드는 것이다.

나를 탐구하면서 내가 놓치고 살았던 나의 기억 속의 나를 찾은 것이다. 20년 가까이 잊고 살았던 내가 하고 싶었던 일들. '세계를 돌며 한 달 살기, 엄마와 덴마크 여행, 합창단 만들기, 내 노래 작곡해 보기, 내 공방 차리기, 내 책 출판하기 등.' 자연스레 내가 꿈꾸던 일들이 하나씩 기억이 나기 시작했다. 또 다른 꿈도 생각이 났다. 산티아고 순례길, 실크로드 길, 칠레의 트레킹 등, 이 세상의 모든 길을 걸어보고 싶었다. 지금의 상황으로는 당장 가보지는 못하겠지만 내가 살고 있는 근처의 길부터라도 하나씩 시작해 보면서 조금씩 확장을 해보려고 한다. 나를 믿고 기다려 줄 수 있는 인내심도 치유의 선물이라 생각한다. 인생은 마냥 행

함께 한 시간속에서 나의 꿈이 시작되었다

복하지도 불행하지도 않다. 그나마 덜 불행하고 조금 더 웃을 수 있는 시간들로 채워나갈 뿐이다. 나를 행복하게 만들 수 있는 것들을 계속해서 끄집어 낸다면, 내가 놓쳤던 시간들을 다시 그때로 되돌릴 수는 없겠지만 지금의 시간 속에서 그 끈을 계속 이어갈 수는 있지 않을까 생각해 본다. 결국은 지난 시간의 '나'와 지금의 '나', 미래의 '나'는 한 사람이니까.

03

소통 잘하는 사람은 질문을 잘해요

하랑

어디론가 떠난다는 생각만 해도 뇌에 산소가 공급되는 것처럼 기분이 좋아진다. 여행을 가게 되면 항상 책 한 두 권을 챙긴다. 특히나 비행기를 타고 이동하는 경우 온전하게 몇 시간 동안은 책을 읽을 수 있겠구나! 라는 생각에 설레고 기쁘다.

2023년 7월 베트남으로 가는 비행기에서 『그렇게 물어보면 원하는 답을 들을 수 없습니다』를 읽었다. 김호 저자 부부가 북이탈리아로 여행을 가려다 부인의 회사 일로 여행을 못 가게 되어 호텔 측에 연락하는 실제 사례가 나오는데 정말로 인상 깊었다. 이 내용을 미리 읽었더라면 그동안 날렸던 수많은 페널티 비용 중에 적어도 10% 이상은 되돌려 받지 않았을까 싶다. 작가는 위약금을 물어야 한다는 것을 알고 있다는 점을 호텔 측에 먼저 인정하고 '질문 형식'으로 상대방을 존중하면서 위약금을 줄여주거나 면

제할 방법이 있는지 물었다. 호텔측 담당자로서 도와줄 방법이 있는지 겸손한 태도로 질문을 했다고 한다. 사람들은 남에게 지시받거나 불평을 듣는 위치보다는 도움을 베풀 수 있는 위치에 서기를 원한다는 점을 잘 활용한 것이다.

책을 읽으며 공감하는 부분이 나올 때마다 밑줄을 긋는 편인데 이 책은 유독 줄을 많이 그어가며 읽었다. 적용해 볼 만한 실전 팁이 많았다. 책을 다 읽어갈 때쯤에 베트남 푸꾸옥 공항에 도착했다.

새벽 5시 30분, 밖은 꽤 어두컴컴했지만 공항에는 많은 관광객으로 북적였다. 13명의 시댁 식구가 베트남 도착을 인증이라도 하듯 'Pukuok Airport'가 크게 보이는 곳에서 기념사진을 찍었다. 여행의 시작이 무난하다고 느낀 것도 잠시, 숙소로 이동할 버스를 기다리던 중에 이번 여행의 총무를 맡은 큰 조카가 오늘 저녁 6시까지는 숙소의 에어컨이 작동되지 않는다라고 말했다. 코로나 이후 간만의 해외여행이라서 그런 걸까? 에어컨이 안 될거라는 말에도 모두들 괜찮다고 했다. 숙소 도착 전에 푸꾸옥 전통 국수로 허기를 달래고, 관광객들 사이에서 유명한 킹콩 마트로 가서 망고를 싹쓸이하고 유심칩 가게에도 들렀다.

에어비앤비를 통해서 독채를 예약했는데 온 가족이 들어가도 비좁지 않은 큰 풀장이 있었다. 큰 거실이 있고 싱글침대가 2개 씩 세팅 된 방이 6개, 메이드가 별채에 있어서 청소와 설겆이를 해주는 더 이상 바랄 것이 없는 완벽한 숙소였다. 2층 단독 주택이었는데 노후에 이런 집에서 살면 좋겠다고 속으로 생각했다.

모두 각자 방에서 짐 풀고 열대기후를 온몸으로 만끽하며 야외 수영장에서 시간을 보냈다. 잠수, 물장구, 튜브에 올라타기, 강습 받은 수영 자세를 선보이면서 까르르 웃고 신나게 놀았다. 놀다가 입이 좀 심심하다 싶으면 마트에서 사 온 열대과일을 깎아 먹고 썬배드에 누워 낮잠도 자니 이보다 더 좋을 수는 없었다.

두어 시간 수영장에서 놀았더니 배가 고프다고 다들 난리다. 새벽에 도착하여 국수하나 먹은 게 전부이니 배꼽시계가 요동칠 만 했다. 서둘러 씻고 한국에서 가져온 밑반찬에 햇반을 돌려 먹기로 했다. 나도 방으로 뛰어 올라가 샴푸로 머리를 감고 거품을 헹궈 내려는 찰나, 갑자기 샤워기에서 물이 쫄쫄 나왔다. '아뿔싸! 한꺼번에 13명이 샤워를 해서 수압에 문제가 생긴걸까?' 대충 샴푸 거품만 걷어내고 욕실 밖으로 나왔는데 불길한 예감은 적중했다. 분명히 좀전까지 선풍기가 세차게 돌고 있었는데 누가 일부러 끄기라도 한 것처럼 멈춰 있었다.

1층 거실로 내려가니 다들 한숨이다. 전기가 나가 버렸다. 햇반을 돌릴 전자레인지도 인덕션도 사용 불가다. 서울에서 가져온 볶은 김치, 멸치무침, 파김치, 오이지, 김은 그림의 떡이다. 23개월 아이는 덥고 배고프니 짜증을 내고, 80대 시어머니가 아무말 없이 참으시니 숙소를 예약한 큰 조카는 좌불안석이었다, 둘째 시누이가 서울에서 버너를 하나 가져왔지만 가스가 없어서 무용지물이었다. 조카 부부가 눈치를 살피다가 가스를 사 오겠다며 황급히 그랩(베트남에서 사용하는 카카오 택시 같은 앱)을 불러서 나가버렸다.

무더운 여름 한 낮, 선풍기마저 멈춰버린 상황에 배까지 고픈 전혀 예상치 못한 난감한 상황이었지만 여러 차례 여행을 다닌 경험 덕분일까? 투덜대기보다는 각자의 방법으로 시간을 때웠다. 이때다 싶어 핸드폰 게임을 대놓고 하는 아들과 딸, 썬배드에서 잠 자는 큰 조카, 부채질하면서도 창문을 어떤 방향으로 열면 바람이 더 잘 통할까 고심하는 작은조카, 에어비앤비 숙소 주인에 대한 불만을 토로하는 시누이 등 각양각색이다. 다년간 시댁 식구들과 여행을 다녀 본 나는, 이런 상황에서는 그냥 입을 다물고 있는 게 상책인 것을 알기에 조용히 센배드로 나가서 책을 읽었다. 숙소의 메이드(maid)와 전기공은 자가발전기가 있는 창고에서 무언가를 점검하면서 분주하게 이리저리 왔다갔다 했다.

그로부터 2시간이 흘렀는데도 숙소 주인한테서 아무런 연락이 없다. 땀은 얼굴을 타고 목으로 흐르고 배는 고프다 못해 쓰렸다. 다들 예민해졌다. 아들과 딸은 핸드폰 보는 것에 흥미를 잃었는지 더위를 식힐 겸 다시 수영장으로 풍덩 했다.

실내에 계시던 시어머니도 답답하셨는지, 거실 밖으로 나와 내 옆의 썬배드에 누우셨다.

"여기가 차라리 시원하다. 이왕 이렇게 된 거 어쩔 것이냐?"
"그렇죠. 이렇게 된 이상…."
"그런데 다들 배가 고파서 어쩐다냐?"
"조카 내외가 가스 사 왔으니, 햇반이라도 데우면 간단히 식사는 할 수 있을 것 같아요."

병원에서 수간호사로 일하는 둘째 시누이가 집주인의 연락 두절에 대해서 강한 분노를 표현하셨다. 내가 물어보았다.

"언니가 원하는 게 뭐예요? 혹시 숙소 비용을 일부라도 깎고 싶은 걸까요?"

내가 너무 직설적으로 물어봐서인지 둘째 시누이는 멋쩍어했다. 셋째 시누이도 '에어컨만 6시까지 안 된다고 했는데 전기가 통째로 나가고 몇 시간째 복구도 안 되고 있다'며 조목조목 이야기를 했다. 이 숙소를 내가 예약한 것도 아닌데, 참 난감하다. 이번 여행은 큰 조카 내외가 다 알아서 하니깐 나는 신경 쓸 것이 없다고 해서 가벼운 마음으로 따라나선 것인데….

시누이들이 얼굴도 모르는 숙소 사장을 향해 화를 내니 숙소를 예약한 조카 내외도 안절부절이라 내가 어쩔 수 없이 나섰다. 집 주인과 그 동안 연락을 어떻게 주고받았는지, 언제 이후로 주인과 연락이 안 되고 있는지 등을 묻고, 그간 주고 받은 메시지 내용을 살펴보았다. 그 조카가 한국말로 메시지를 보내면 그 사장의 답변도 한국말로 온다고 했다. 한국말로 오는 답변이 꽤 어색한 것을 보니 번역 앱이 자동으로 실행되는 것 같다.

비행기 타고 오면서 읽었던 『그렇게 물어보면 원하는 답을 들을 수 없습니다』의 내용이 떠올랐다. 최대한 정중하게 상황을 알리고 빨리 조치를 취해달라고 요청하면서 상대방이 선의를 베풀게끔 메시지를 보냈다.

"당신과 연락이 되지 않아 이렇게 다시 메시지를 보낸다. 당신이 아침에 에어컨이 저녁 6시까지 안 된다고 연락을 줬으나 지금은 전기가 아예 나가버렸다. 우리는 전체 13명이고, 80대 노인과 23개월의 아기가 있다. 우리는 지금 배가 매우 고픈 상태인데 인덕션, 전자레인지가 안 되어서 무척 난감한 상태이다. 당신이 직접 현장을 방문하여 확인 해주길 바란다. 당신이 **빠른** 연락을 해주지 않는다면 나는 어쩔 수 없이 에어비앤비 본사 측에 연락할 수 밖에 없다. **빠른** 연락을 학수고대한다."

메시지를 보낸 후에 버너 1개에 의존하여 햇반을 여러 차례에 나눠 데우고, 시어머니와 아이들 위주로 먼저 먹였다. 입으로 밥이 들어가니 그제서야 '이것도 추억이다. 힘들었던게 기억에 더 오래 남는다'라며 여유가 넘치는 말들이 오고 갔다. '금강산도 식후경이고 곳간에 곡식 차야 인심 난다'라는 옛말이 맞다.

이번 여행의 총무인 조카 내외가 눈치 있게 마사지샵을 예약했다. 맛사지샵에서 보내준 차량에 탑승하는 순간 시원한 바람에 모두 탄성을 질렀다. 델루나 마사지 샵은 한국과 비교도 안 되는 싼 가격에 지압 퀄리티가 매우 높았다. 푸꾸옥에서는 고급 식당에서조차 간단한 영어가 되지 않아 구글 번역 앱을 사용해야 했다. 야시장 구경까지 마치고 밤 9시쯤 도착하니 숙소에서 밝은 빛이 뿜어져 나오고 있었다. 에어컨이 **빵빵**하게 나오는 거실에 둘러앉아 야시장에서 사 온 망고를 깎기 시작하는데, 조카가 호들갑을 떨며 기쁨에 겨워 말했다.

"어머! 메신저로 연락이 왔어요. 숙박비를 환불해 준대요."

하루치 숙박비를 환불해 주는 것으로 이해했는데 숙박비 전체를 안 받겠다고 다시 연락이 왔단다. 내심 기분이 좋았다. 책의 내용을 잘 응용해서 메시지를 보냈기에 이런 좋은 결과를 얻은 것 같았다. 상대의 기분을 상하게 하지 않고 우리의 상황을 알리고, 가능하다면 하루치 방값 정도는 보상받을 요량으로 메시지를 보냈는데 효과가 있었다.

전액 환급이라는 이야기가 퍼지자, 이번에는 나를 향해 '도대체 영어를 어떻게 쓴 것이냐? 너무 진상 고객처럼 말한 것 아니냐? 전액 환급은 생각지도 못했다'라며 가족들이 웃으며 말했다. 영어 잘하는 며느리가 있어서 좋다며 시어머니와 시누이들은 나를 추켜 세웠다.

2023년 1월 태국 치앙마이로 친구 7명과 골프여행을 가기로 했다가 나만 부득이 못 가게 되어 페널티 비용을 냈던 기억이 떠올랐다. 이 책을 그 전에 읽었더라면 얼마나 좋았을까? 『어떻게 원하는 것을 얻는가』의 저자 스튜어트 다이아몬드 교수가 진행한 워크숍에 참석한 김호 저자가 가장 기억에 남는 조언으로 꼽은 것은 "예외 조항이 있는지 물어보라(Ask for exception)"였다고 한다.

사람은 혼자 살 수가 없다. 생각하는 힘과 질문하는 힘이 있어야 사람들과 소통하면서 잘 살 수가 있다. 원하는 바를 얻으려면 대화의 기술을 익혀야 하고 협상의 기술도 알아야 한다. 협상의 기술 중 제일 중요한 것은 '상대방의 기분을 나쁘게 하지 않는다' 이다. 상대방이 칼자루를 쥐고 있는 듯한 느낌을 주면서 선의를 베풀거나 도움을 자발적으로 주도록 해야 한다.

자녀들에게 생각하는 힘을 키우기 위해서 공부하고 책 읽으라고 말하곤 했는데, 이건 나에게도 해당되는 말이다 .

04

묻지마 투자의 교훈

김예서

2019년 8월, 무더운 여름이었다. 우리부부와 남편 친구 부부들과 함께 삼척으로 여행을 떠났다. 차 안은 기대와 설렘으로 가득 찼다. 삼척은 먼곳이 었지만 즐거움으로 한껏 부풀어 힘든 줄도 모르고 마냥 달려갔다. 목적지에 도착하자 먼저 도착한 일행들과 반가운 인사를 나누고 삼척에서 식당을 하는 친구 가게에는 이미 음식이 풍성하게 차려져 있었다. 술잔을 기울이고 건배도하며 즐겁게 이야기 꽃을 피우던중 하남에서 부동산을 하는 친구로부터 전화가 왔다.

친구는 "○○지역에 분양가 8억 5천만 원인데", "계약금은 분양가의 10%로 8천5백만 원 프리미엄 7천만 원인 임대 아파트가 있다"라고 말했다.

"한번 투자해보면 좋을 것 같은데 어떻게 생각하니?"

"임대 아파트라 주택수에도 들어가지 않아" 라며 나에게 말했다.

"엉? 주택수에 안들어 가는 주택도 있어?"

"임대 아파트인데 전세이기 때문에 주택수로는 들어가지 않아, 8년후에 현재의 분양가로 전세자에게 우선적으로 분양해준대" 라며 덧붙여

"너랑 나랑 반씩 투자해서 프리미엄이 오르면 빨리 팔자"라고 했다.

"그래 괜찮은 거지?" 나는 조심스레 물었다.

"그럼 안전한거야 걱정하지마, 나만 믿어, 서류도 완벽하게 받을수 있어"라며 친구는 자신있게 말했다. 부동산 시장이 달아오르던 그 시기, 나는 투자의 유혹에 휩싸였다.

'그래, 괜찮겠지!, 콜!' 나는 결국 투자하기로 결심을 했다. 결심을 하고 돈을 통장으로 부쳐주고 다시 일행들과 합류해서 즐겁게 술을 마시기 시작했다. 한시간 가량 지났을 때 부동산 하는 친구가 또 전화를 했다. 첫 번째 아파트 구매 후 친구는 다시 제안을 했다.

"하나 더 사자, 우리 둘이 나이 들어서 같은 아파트에서 재미있게 살자"라며

한 개를 각각 더 사자고 제안을 했다. 무엇보다 술도 취기가 오르기 시작했고 친구가 말한 것은 모두 거품이 없는 현실의 이야기로 들렸다. 그때는 부동산 시장이 강세를 보이고 있었고, 가격은 하늘 높은 줄 몰랐었다. 특히, 나는 1가구 2주택이었던 터라

그 임대 아파트는 주택수에 포함되지 않고, 현재의 분양가를

8년 후에도 명의를 돌리는 형태로 현재의 분양가를 그대로 유지된다는 점이 큰 매력이었다. 그땐 대출 금리가 3%대여서 부담감이 없을 줄 알았다. 이미 0.5채를 샀었기에 두려움도 없이 용감하게 "콜"로 답변하고 일사천리로 돈을 부쳐주고 다시 술자리에 합류하다보니 세상이 아름답게만 보여지고, 행복감에 빠졌다. 여행은 환상적이었다. 날씨도 좋아지고, 골프 치기에 완벽한 환경! 그렇게 즐겁게 여름 휴가와 목돈을 한번에 쥘수 있다는 기대감에 휴가는 더 할수없이 행복했다.

그렇게 행복한 시간이 흘러 4개월이 지난 어느날 친구로부터 전화가 왔다. 명의 변경 날짜가 도래했다며 문제가 생겼다고 말을 했다. "매도자가 갑자기 8천만원을 더 요구한다"라고 말을 했다 "명의 할 때 추가 비용없이 하기로 약속했잖아"

"명의 변경하려면 인감증명이 필요한데 삼개월이 지나서 쓸수가 없어"

"그것도 제대로 조건에 넣칠 않았니?"

"누가 이럴줄 알았니?" 계약서에 썼지, 돈을 더 주지 않으면 인감을 안떼어 준다 하니 어떻게 하니? 라고 말했다. 아무리 생각을 해도 내가 할수 있는 일은 없었다. 돈을 회수 하는 방법이나 요구하는 금액을 주는 방법 밖엔 없어 보였다. 결국 어쩔수 없이 추가 금액을 지불하기로 결정을 했다

명의 변경 절차는 시공사에서 제공하는 장소에서 은행사까지

모두 불러 파견되어 일을 처리했다. 명의 변경하려는 사람들은 인산인해로 번호표를 뽑아 한참을 기다려야 가능했다. 은행에서 내미는 두툼한 서류에 쓰라는 곳에 이름쓰고, 서명했을 뿐, 정작 중요한 내용을 자세히 읽어보지 못했다.

친구에게 "수수료는 어디서 받니?"라고 물었을 때, 친구는 "봉사하는 마음으로 한다"고 답했다. 나는 그 말을 믿었다. "친구니깐" 그럴수 있지, 고마운 친구야.

나도 그 '친구에게 잘해야 겠구나' 라고 마음으로 다짐을 했다. 하지만 나중에 알게 된 사실은 충격적이었다. 명의를 돌려준 사람은 인감을 떼어주고 3천만 원을 받았다고 했다. 즉, 부동산 친구는 나에게 5천만 원을 더 받았던 것이었다. 그 배신감은 한참 동안 나의 뇌리에서 벗어나지 못했고, 친구라는 명분하에 돈 앞에서 거짓말을 밥 먹듯이 하는 친구가 야속하기만 했다.

싸우고 싶지도 않고 '너는 그런 사람이구나' 사람이 돈 거래를 해보면 그 사람을 알수 있다고, 이미 건너간 돈을 달라고 해봐야 내 입만 아프지 '이젠 너와는 다신 거래 하지 않는다'는 마음만으로 아픈 가슴을 쓸어내렸다. 세월이 흘러 2023년이 입주일이 다가왔다. 입주 전 집구경하는 날에 가보니 수납공간이 많은 깔끔한 집이었다. 아파트의 주변환경도 좋았지만 집의 구조가 좋았다. 집에 돌아와 자금에 대한 생각을 하며 계약서를 자세히 읽어보니, 8년 후 분양가 유지라는 조건은 실제로는 현혹적인 문구였다. 대출을 받아서 잔금을 치루면 어차피 분양가는 다 시공사에 입금이 된 상태 임에도 내 권리를 주장할 수 있는 것은 아무것도 없고 대출이라는 명목이 "전세자금 대출"으로 주인은 회사였다. 잔금은 대출을 받아 완불한 상태 임에도 "전세자금대출"이란 포장지에 포장 되어 물권이 아닌 채권이었다. 물권 같으면 내 권리도 행사할수 있으나, 채권이기에 내가 할 수 있는 것은 입주 밖에 선택할 수가 없다. 전세나, 임대를 놓을 때도 나의 권리는 채권밖에 없기 때문에 '새로운 입주자는 나에게 전대'를 해야 하는 조건이었다. 당장 목돈이 없는 터라 대출을 받는다고 해도 대출 금리 5~6%로 높고, 입주를 해야만 되는 상황이었다. 프레미엄을 받고 팔아보려고 알아보니 프리미엄은 이미 바닥을 쳐 마이너스까지 내려갔다. 1억 5천만 원에 산 것을 마이너스에라도 팔아 보려고 했으나 "집을 보러 오는 사람이 없다"는 부동산들의 이야기만 들렸다. 부동산 역시 "답답하다"며 "손님 구경을 하지 못한다"라고 한다.

부동산 경기는 꽁꽁 얼어붙고 잔금 날짜는 다가오고 피만 마를 뿐이었다. 묻지마 투자의 교훈과 삼척 여행에서의 경험은 인생에서 어떠한 결정을 내릴 때 그 순간의 설렘과 기대만으로 판단해서는 안 된다는 것을 여실히 보여준다. 빛나는 기회 앞에서도 신중함을 잃지 않고, 모든 가능성을 면밀히 검토하는 자세가 필요하다. 친구의 제안에 섣불리 응답하고 투자한 결과, 예상치 못한 어려움과 배신감, 그리고 심적인 고통을 겪어야 했다. 이 경험은 비단 부동산 투자뿐만 아니라, 인생의 모든 결정에 있어 깊은 사고와 신중한 접근이 얼마나 중요한지를 일깨운다.

"세상은 넓은 듯하나 선택의 순간은 찰나에 불과하다. 그 순간의 선택이 인생을 좌우하니, 판단은 신중히, 행동은 조심스럽게." 이러한 교훈을 마음에 새기며, 앞으로의 삶에서 더욱 신중하게 선택하고, 결정의 뒤에 숨겨진 가능성을 깊이 고민하며 나아갈 것이다. 특히, 인간 관계에서의 신뢰와 믿음은 한번 손상되면 회복하기 어렵다는 사실을 깨달았다. 더욱 섬세하고 주의 깊은 선택이 필요하다.

함께 한 시간속에서 나의 꿈이 시작되었다

05

중년의 위기를 극복하다

북힐공방

"입에 쓴 약이 병을 고친다."이 말은 자신에 대한 충고나 비판이 아무리 쓰더라도, 받아들이면 결국 자신의 성장에 도움이 된다는 의미다. 어느덧 오십이라는 나이, 나의 일상은 집과 회사를 다니며 직장 생활과 집안일을 병행하지만 표시도 안 나는 반복되는 가운데 일생일대의 큰 변고가 생겼다. 2018년 봄, 거울을 보는데 입술이 부자연스럽고 움직임이 둔하게 느껴졌다. 왼쪽 눈이 잘 감기지가 않았다. "엄마 얼굴이 이상한데 한번 봐줄래" 말했더니 아들은 "엄마 빨리 병원에 가보세요." 걱정스럽게 말했다. 검색해 보니 구안와사 증상이고 한의원에서도 치료가 가능하다고 나왔다. 나는 병원 대신 한의원에 가서 침을 맞으면 괜찮아지겠지, 섣부른 판단을 했다. 한의원에서는 침 맞고 한약을 먹으면 사람마다 진행속도에 따라 달라질 수 있다고 했다. 병을 고칠 수 있다는 그 말을 철석같이 믿었다. 간절한 마음에 비싼 한약을 주문하고 침을 맞고 돌아왔다. 주말이 지나도 여전히 얼굴 상태는 부자연스럽고 호전되지 않은 상태에서 나는 출근을 해야만 했다.

동료가 내 얼굴을 보자마자 걱정스러운 눈빛으로 "너 왜 그래? 마비가 온 것 같은데, 신경외과에서 치료해야 빨리 원래 상태로 돌아올 수 있다"라며 지금 당장 병원부터 다녀오라고 했다. 친구의 딸도 나처럼 아픈 적이 있었다며 빨리 병원 가서 치료하는 게 최선이라고 말했다.. 치료시기를 놓치면 다시 회복하기가 힘들거라며 걱정해 주는 친구가 고마웠다. 바로 조퇴 신청서를 내고 병원을 찾았다. 입과 눈이 비뚤어지는 안면마비 현상은 중풍이나 뇌출혈의 원인으로 발생한 중추성 마비, 중풍 증상을 동반하지 않는 말초성 마비로 나눌 수 있다고 한다. 다행히 초기 단계이지만 치료하지 않으면 완전한 얼굴 형태로 돌아오지 않을 수 있다고 겁을 주셨다. 한의원 가지 않고 병원으로 빨리 왔으면 주사 맞고 약만 먹어도 될 일이었다. 지금 상태는 입원 치료가 빠르다고 했다. 왜 나에게 이런 일이 생겼을까? 스트레스 때문일까? 너무 늦게 온 것을 후회했다.

니체는 우리의 삶이 '자기 자신을 극복하는 삶'이기를 바란다고 말했다. 정신의 세 단계 변화를 각각 낙타, 사자, 아이로 비유했다. 낙타 정신은 무거운 짐을 지고 버텨 내는 삶의 태도를 말한다 [마흔에 읽는 니체 중에서].

집안 일과 회사일을 내가 해야만 된다고 생각했고 걱정을 안 해도 되는 일을 걱정을 사서 하는 사람에 이었다. 마음속에 품고 있던 이야기를 쉽게 드러내지 않는 나의 성격도 문제였다. 스트레스가 쌓여도 풀 수 있는 방법도 모르고 참고 인내하며 지낸 시간들이 내 몸으로 병이 오지 않았나 싶다. 마음의 병이 만병의 근원이다. 마음속의 앙금을 조금씩 털어내고 좋은 생각과 좋은 것을 보고 느끼고 표현을 해야 된다. 남들이 뭐라 해도 내 몸과 마음을 지킬 수 있는 것은 결국 나 자신에게 있다.

입원치료 기간은 일주일이었지만 정면으로 내 자신을 객관적으로 한발 물러서서 자신을 관찰하기 시작했다. 아프면 아프다고 소리치고 걱정도 하지 말고 내 몸만 생각하자고 다짐했었다. 내가 아프고 내가 없다면 살아갈 의미가 없지 않은가? 아프고 나니 정신이 번쩍 들었다. 내 몸 하나 지키지 못했다는 후회와 잘못된 나의 태도를 반성하며 일주일 동안 물리치료와 마사지를 받으며 비뚤어져가던 입술과 눈꺼풀이 정상으로 돌아왔다.

이만한 게 얼마나 감사한 일인지, 내가 큰 경험 후 내 몸에 조금이라도 이상한 증상이 오면 병원을 찾는 습관을 들이게 됐다.

두 번째 사자 정신은 "외롭기 짝이 없는 저 사막에서 자유정신으로 변화가 일어난다"라고 말한다. 주관이 뚜렷해서 세상의 가치에 얽매이지 않고 자유로운 삶을 추구하는 것이라고 한다. 아프고 나서 나의 삶을 깊이 있게 뒤돌아보는 시간이었고 삶의 태도는 생각부터 변화를 주기 시작했다. 몸부터 건강해져야 된다는 생각에 처음에는 산책하듯 공원을 걸었고 매일 걷다 보니 집에서 생각하지 못한 일들도 하나씩 머릿속 가득 찬 실타래가 하나씩 풀리듯 정리가 되었다. 혼자 있는 시간은 생각의 힘을 길러준다. 남편에게 힘든 일이 있으면 이럴 땐 어떻게 하면 좋을까? 의논도 하고 친구를 만나서 이야기를 하면서 속상한 일들도 자연스럽게 승화가 되기도 했다. 걷기 하는 장소는 호수 공원이었고 그 옆에 도서관이 있었다. 그 길을 오가며 책을 대여하여 보기도 하고 도서관에 앉아 시간 가는 줄 모르고 책이 친구가 되기도 했다.

　세 번째는 아이 정신은 어린아이가 놀이에 흠뻑 빠져 몰두하듯 자기의 삶을 긍정적으로 살아가는 것을 의미한다. 자기 극복을 위한 최고의 경지에 이른 모습이라고 한다. 순진무구한 아이 감정까지는 아니어도 스스로 변화하려고 노력했던 시간들이었다. 좋은 것을 자꾸 보려고 하다 보니 출 퇴근길에 평상시에는 무심히 화원 앞을 지나던 중에 만난 친구가 있었다. 첫눈에 마음을 사로잡는 식물 하나가 눈에 띄었다. "어머 이쁘다. 사장님 이거 뭐예요?" "다육이라는 식물이에요. 잘 자라니까 한번 키워 보세요." 기분전환 겸 호기심에 들인 다육식물이 화분에 담겨 하나둘씩 늘어나더니 어느새 베란다 공간 전체를 점령해 버렸다. 색이 고와서 어느 것은 작아서 또 따른 것은 화분이 이뻐서 지나치지 못했다. 겨울이면 얼어 죽을까 싶어 뽁뽁이까지 동원했다. 저녁에는 잘 자라고 인사하며 비닐을 말아 똘똘 감싸주고 아침이 되면 잘 잤니? 인사하며 다시 열어두었다. 그야말로 애지중지 자식처럼 키웠다. 아침에 일어나면 나는 커피 한 잔을 들고 베란다로 향한다. 이리 보고 저리 봐도 기분이 좋아진다. 잎이 지저분하면 하나씩 떼어주고 꼼꼼하게 들여다본다. 색이 혹시 빠지지 않았는지 물이 마른 것은 아닌지 코 박고 화분을 들여다보는 일이 아침 루틴이 되어버렸다. 봄이 되면 왕복 두 시간 거리의 화원을 이웃집처럼 들락거렸다. 조금만 사 와야지 아무리 마음을 먹어도 쉽지 않았다. 눈에 넣어도 아프지 않을 좋은 색감의 다육이를 보면 욕심이 동한다. 배낭에 담고 자전거 양옆 손잡이까지 검정 봉투를 주렁주렁 걸고서야 걸음이 떼어진다. 신나는 다육이 쇼핑을 마치고 집으로 돌아오는 길은 어떤 화분에 심을까? 설레는 마음으로 나는 페달을 신나게 밟았다. 나의 다육이 사랑은 3년이 넘도록 진행되었다. 지금 생각해 보면 그 반복되는 일상에 지치고 힘든 시간을 다육이는 나에게 웃음과 행복을 가져다주었다. 사람은 마음이 아프면 몸이 반응하게 된다. 작은 것이라도 기분 좋고 재미있는 일을 하게 되면 그것이 얼마나 중요한지를 깨닫게 된다.

소소한 일상이 활력소가 되었고 회복탄력성을 스스로 극복했다. 걱정한다고 해결되는 것도 아닌데 그동안 끙끙대며 애를 태우고 살았을까? 잘해보려고 열심히 앞만 보고 달리는 사람처럼 참 치열하게도 살아온 삶이었다. 내 몸 아프고 나니 큰 깨달음으로 조금 느리게 천천히 가도 된다고 자신과 대화 속에서 마음 편안한 자리 한구석에 마음 해우소를 만들었다. 살다 보면 누구나 힘든 순간이 있다. 그것을 어떤 시선을 보느냐도 중요하다. '그래 괜찮아' 이 또한 지나갈 거야 걱정 말고 지금 이 순간을 즐기자고 말해준다. 평생 친구는 걷기 운동과 책이라고 생각한다.

06

위킹 맘으로 살아내야 했다

펑알

결혼을 하고 그해 11월에 첫아이를 출산했다. 아주 작고 귀여운 아기를 보면서 이제 진짜 어른이 되었다는 책임감이 느껴졌다. 출산의 고통을 잊게 할 만큼 아이는 예뻤고 신기했다. 양가 부모님들이 멀리 계시고 육아를 도와줄 사람이 없어서 혼자 아이를 키워야 했다. 남편은 일 때문에 매일 늦게 퇴근을 하니 도와달라는 말을 할 수도 없었다.

나는 혼자 육아를 해야 했기에 힘들고 지치는 날이 많아졌다. 아이는 아주 예쁜데 내 몸은 피곤에 지쳐갔다. 누구라도 조금만 도와주면 좋겠다는 생각을 했다. 이래서 산후우울증이 오는게 당연하겠구나 싶다. 나는 없었으니까.

아이들이 감기라도 걸리면 하나는 유모차로, 하나는 등에 업고 동네 단골 소아과로 달려간다. 병원가는 일이 일상처럼 자주가게 되고 의사 선생님이 우리 아이 좋아하는 자동차에 관심 가져 줄

함께 한 시간속에서 나의 꿈이 시작되었다

때 선생님이 더 친근하게 느껴졌다. 아빠가 더 자주 놀아주었다면 아이들이 아빠를 좋아했을 텐데 하는 생각이 들었다. 아빠는 너무 바빠서 함께 놀아주지 못했다. 일 때문에 아이들과 함께하는 시간을 만들지 않았기에 지나고 나서는 '아이들 자라는 모습'이 기억에 없다고 말로 회상한다. 모르는 게 많았지만 아이들을 알려고 하는 마음이 중요하다. 함께 육아를 하지 않았기에 놓친 게 많았다.

아이들이 6살, 4살 무렵에 남편이 사업을 시작하게 되면서 내가 도와주겠다고 먼저 제의를 했다. 남편은 아이를 잘 키우는 게 우선이라며 출근하는 걸 반대했다. 그러나 내가 우겼다. 자리잡을 때까지는 혼자보다 둘이가 낳을 거고 나도 집에서 육아만 하기에는 답답했다. 경제적인 면에서도 빨리 일어설 수 있는 계기가 될 수 있을 것 같았다. 아이둘을 어린이집에 보내고나서 매장에 청소도하고 손님들도 응대하면서 차츰 내가 할 수 있는 것을 찾아 했다. 일이 많아지면서 직원들도 생기고 차츰 바빠지니 나의 역할도 커졌다. 새로운 생활이 시작되고 활력도 찾아갔다. 아이들을 경제적으로 여유롭게 키울 수 있게 되고 작은 아파트도 장만해서 이사도 했다. 힘든 만큼 보람도 있었다.

워킹 맘으로 살아가는 것은 새로운 도전 이였다. 아이가 자라듯이 나도 성장하고 싶다는 생각을 했다. 육아에 집중할 때는 아이가1순위였다면 일을 시작하면서는 내 일에 대한 가치를 알아가면서 책임감을 가지게 되었다.

일과 육아를 병행한다는 건 힘든 일이였다. 유치원 종일반에서 매일 제일 꼴찌로 아이를 데려가야 했고, 퇴근이 늦으면 아이 맡길 데가 없으니 집에서 아이둘을 있게도 했다. 베란다에서 엄마 차가 들어오기를 하염없이 바로 본적도 많았다고 한다. 가슴 아픈 이야기였다. 엄마의 손길이 필요한 시기였지만 내가 다할 수 없었다. 아이들에게 미안한 마음이 들었다.

남편 말대로 아이들이나 잘 키우면 되지 왜 나와서 애들 고생시키냐 고 말할 수 있지만 내가 나가서 하는 일에 비중이 생기다 보니 그만두고 발을 빼라는 말은 하지 않았다. 경제적으로도 도움이 되니 일을 그만두고 애들이나 키우라는 말은 못한다. 같이 벌어야지 외벌이로 일어서기에는 힘든 세상이다.

우는 날보다 웃는 날이 많아지려고 노력했다. 함께 일하고 녹초가 되어 집에 오면 집안일도 많았지만, 아이들과 함께 있는 시간이 좋았다. 아이들 자라는 모습을 보면 피로회복제 같이 힘이 났다. 몸은 힘들어도 조금씩 경제적으로 안정이 되어가고 아이들도 자라서 각자 학원을 다니니 시간적 여유가 생겼다. 아무리 힘들어도 잘 이겨 나가면 또 흘러가는 게 세월 이였다. 아이들이 잘 견뎌주어서 내가 일을 할 수 있었고 육아만 하다가 일을 하면서 얻어지는 게 있으니 포기해야 할 것도 생긴다. 살림하는 건 많이 허술했다. 나만의 욕심보다 가족모두가 배려하고 양보해줘서 워킹 맘으로 세상속을 뚜벅뚜벅 걸어갈 수 있었다.

아이 키우고 일을 하면서 조금씩 배우려고 노력했다. 특히 부모교육 프로그램을 이수 한 후에는 부모 역할이 얼마나 중요한지를 배웠고, 아이들과 함께 성장할 수 있는 가치있는 교육을 경험하고 실천했다. 부모교육은 꼭 받아보시길 추천하고 싶다. 내가 선택한 워킹맘의 길을 후회하지 않는다. 시간에 쫓겨서 살아야 했지만 나를 성장시킬 수 있는 시작점이 되었고, 나를 위한 시간을 만들어 갈때 삶의 행복도 찾아왔다.

워킹맘으로 살면서 경제적 안정을 찾은 후에 내가 하고 싶은 것에 선택 할 수 있는 것들도 많아졌다.

다양한 경험과 다양한 소비도 할 수 있었다. 배움을 좋아해서 많이 찾아다니며 여러분야의 사람들과도 이어 질 수있는 계기가 되고 나를 성장시키는 시간도 만들어갔다. 힘든 시간들을 이겨내면서 온전한 나를 찾아가는 소중한 경험들을 하고 있다.

07

인간관계의 실패가 성장의 원동력이었다.

이채원

인생을 살아오면서 제일 힘들었던 부분은 인간관계였다. 나이를 불문하고 배려하고 이해하면서 좀 손해를 보더라도 잘 지내는 편이다. 한번 인연을 맺으면 지속한다는 장점이 있어 성향이 다른 사람들과 지인들이 많다. 그런데 문제는 너무나도 맞지 않는 사람과의 관계는 아직도 매우 서툴고 불편하다. 앞으로 풀어나가야 할 나의 과제이기도 하다.

원만한 인간관계를 위해 어떤 노력들을 하였는가? 나와 다름을 인정하려 하였고, 있는 그대로의 모습을 보려고 하였다. 그리고 책을 읽고 강의도 듣고 실천도 해 보았다. 칭찬할 것을 찾고 격려하고 수용하면서 관계를 회복하고 싶었다. 나름대로 개선을 하려고 했으나 갈등은 쉽사리 해결되지 않았다. 소통 공감의 능력이 부족한 걸까? 좋아지지 않은 관계는 정리하는것도 오히려 서로를 위함이기도 하다는 생각이 든다. 서로 자신을 돌아보면서 성장할수 있는 계기가 될수도 있다.

예전에 있었던 일인데 경아의 이름으로 일자리 신청을 하였다. 말을 들어보니 생활이 힘든 상황이었다. 아무리 힘들어도 그렇지 나의 상식으로는 도저히 이해가 되지 않았다. 거기까지는 "잠시 일을 할거라 끝나면 되겠지" 생각하고 넘어 가 줬다. 다음에는 자격이 되지 않자 수정의 이름으로 신청을 했다. 나를 어떻게 보고 이런 행동을 하지 하고 생각을 하니 기분이 몹시 불쾌했다. 처음 그때 사실을 알고 나서 탈락을 시켰어야 했는데 나의 잘못이었다. 그래서 상사한테 전후 사정을 말하고 일처리를 하였다. 몇 년이 흐른 후 또 다시 잘 알고 있는 상사를 통해서 하는 일에 대한 불만을 토로하면서 도움을 요청하였다. 듣기만 하고 아무런 상관도 하지 않았다. 자신의 이익을 위해서는 수단과 방법을 가리지 않는 사람과는 관계를 정리해야만 또 다른 일로 피해를 입지 않는다는 것을 새삼 느꼈다. 그 후로 원칙에 어긋나는 일은 하지 않았다. 민원의 입장에서만 일처리하면 나중에 꼭 문제가 발생하기 때문이다.

두 번째는 처음으로 면 지역에 요청해서 근무할 때이다. 민원

일을 볼때인데 사망자 인감증명서 발급을 배우자가 부정으로 발급받는 일이 발생했다. 업무가 처음이라 인감증명서 발급이 가능한건지 확인절차를 밟고 있는데 그 일을 했던 옆에 직원이 도와준다고 확인절차도 끝나기전에 발급을 해버렸다. 그 이후 부정발급이라는 사실을 알고 사망신고를 하라고 몇 번을 찾아가서 독려했지만 끝내하지 않았다. 그래서 절차를 밟아 경찰서에 고발을 하고 말았다. 그러는 과정에서 상사와 부딪혔다. 가족관계 일은 상사의 담당이었다. 같이 협력해서 처리해야 하는건인데 업무 협의가 되지 않았다. 그 상사의 원만하지 않은 인간관계를 익히 알고 있었지만 그 일로 마음을 다쳤다. 내가 할 수 있는 부문만 일처리를 하였다. 그곳에서 육아휴직을 하고 복직 기간을 포함해서 오래 있으니 팀별로 순환근무를 했다. 그때 일을 하면서 자기밖에 모르는 이기적인 사람하고는 나하고 맞지 않는다는 사실을 뼈저리게 느꼈다. 오랫동안 근무하면서 본청으로 들어가야겠다고 생각을 했다. 그때 일어났던 일과 인간관계를 겪으면서 앞으로 어떻게 해나갈지를 배우면서 또 한걸음 성장을 하는 계기가 되었다.

살면서 많은 사람들을 만나지만 어떻게 인간관계를 해야 하는지도 배웠다. 그리고 나에게 부족한 면들도 보면서 개선할 점도 찾아간다. 또한 상대방의 장점을 보려고 한다. 감정적으로 대하지 않고 낮은 목소리로 나의 생각을 말한다. 특히, 맞지 않는 사람과의 관계에는 어떻게 해야할지를 알았던것 같다. 그전에 내가

함께 한 시간속에서 나의 꿈이 시작되었다

외면했던 리더들은 어떻게 인간관계를 하는지를 알려고도 하지 않았다. 그렇지만 지금은 리더가 되어 보고 싶고 인간관계의 중요성을 너무나도 잘 알고 있기 때문에 든 생각이다. 나를 돌아보니 좀 더 지혜롭게 대처를 하지 못했던 적도 있다. 사람들의 만남을 통해서 귀 기울이면서 이야기를 듣고 책을 읽으며 나를 변화시키려고 한다. 한번으로는 되지 않지만 꾸준한 행동과 습관으로 된다고 생각한다. 누가 보아도 기본이 되어 있지 않은 사람들은 어떻게 해야 할까? 오로지 자기 자신만 생각하는 이기주의적인 사람들이 문제다. 좋게 말을 해도 되지 않는다면 감정 소모를 하지 말고 오히려 나를 성장시키는 시간을 갖자.

데일카네기가 말하는 '처세'란 인간관계의 기술인 동시에 나를 자유롭게 하는 기술이다. 앞으로 행복한 직장생활을 잘하는 데도 인간관계가 중요할 것이다. 손자병법에서 "지피지기 백전불태(知彼知己 白戰不殆), 즉 상대를 알고 나를 알면 백번을 싸워도 위태롭지 않다"라고 했다. 건강하게 소통하는 법부터 배워야 할 것 같다. 원하는 것 이상의 성장을 얻기 위해서는 먼저 원하는 것이 분명해야 한다. 어디에서든지 건강한 소통을 하려면 일과 사람을 구분하는 것이 가장 중요하다.

요즘은 청소년들을 대하려니 소통과 공감이 필요하다. 직장 생활 하면서 나 역시 꼰대같이 하지 않았는지? 신규 직원들은 자식

뻘이다. 맞춰 주려고 노력했지만 내 생각과 너무 다를때는 큰소리도 내고 마음을 다독여 주기도 했다. 솔직히 일하기는 힘들었다. 마음을 삭혀야 했으니까. 그래도 나는 젊은 사람들과 함께 일하는 것이 좋다. 활기가 넘쳐나서 덩달아 나도 마인드가 젊어짐을 느낀다. 앞으로 그들과 함께하기 위해서 인간관계를 공부하고 있다.

인간관계를 잘하려면 어떻게 해야 할까? 사람들의 고민1순위가 인간관계라고 한다. 먼저 나 자신과 잘 지내고 나의 감정을 알고 푸는 방법도 터득해야 타인도 이해할수 있다. 갈등 관계를 회복하기는 쉽지 않겠지만 노력하면 될 수 있으니 손 내밀고 화해할 수 있도록 노력해 보자. 상대방과 잘 지내기 위해서는 험담하지 않기, 3m 거리 두기, 잘 거절하기라고 한다. 실천으로 내 것으로 만들기 위해서는 돌아보기를 하면서 나의 대화방식도 예쁘게 논리적으로 말하기부터 시작해야겠다.

나하고 잘 맞지 않는 가족들과 잘 지내고 싶은 것이 나의 화두이다. 가족의 관계는 불교의 인연에서 갈등을 풀지 못하면 다음 생에서도 이어진다는 말은 무섭게 다가온다. 대물림되지 않으려면 이승에서 어떻게든 잘 풀어내야 할 것 같다. 첫 번째로 내가 할 일이기에 나를 돌아보면서 명상에 집중하고 완전한 깨침이 있는 완성되는 그날까지 건강한 인간관계를 꿈꾸고 있다.

제 3 장

역경 속에서
나를 불러 일으켜 세운 것은
무엇일까?

01

미친실행력과 긍정심이 깨어나게 했다.

김원배

"방송통신고등학교 원고 작성과 영상 촬영 해보실래요"

2019년 5월 지인으로부터 연락이 왔다. 원고작성은 가능한데 영상을 촬영하는 것에서 잠시 망설였다. 버벅대지 않고 카메라 보면서 아나운서처럼 말을 해야 되는데 내가 가능한 일일까? 라는 망설임이 머릿속에 가득했다.

내 마음속 천사는 '한 번 도전 해봐'라며 부추기고 있고, 악마는 '네가 그거 할 수 있겠어 도전해봤자야'라고 포기할 것을 부추기고 있다. 암기 하는 것이 가장 어려운 문제인데 그걸 어떻게 극복해야 할지 고민이 됐다. 더 중요한 것은 카메라에 한 번도 얼굴을 비춰보지 않았다는 것이다.

지인의 연락이 왔을 때 바로 대답을 해줘야 한다. 3초라는 짧은 시간 동안 천사와 악마의 의견을 들으면서 결정했다. 지금까지 해오던 대로 나 자신을 믿어보기로 했다.

"네 한 번 해볼게요"

6월에 회의에 참여하고 7월말까지 원고를 작성하기로 했다. 진로와 직업 고등학교 영역은 나와 고등학교 선생님과 한 팀이 되어서 각자 17차시 강의안을 집필하기 시작했다. 드디어 8월 첫 영상 촬영이다. 카메라 앞에는 처음 서보는 것이라서 심장이 쿵쾅쿵쾅 울리기 시작했다. 다행인 것은 카메라에서 내 원고가 화면으로 보여주기 때문에 눈을 크게 뜨고 원고 내용을 보면서 강의를 시작했다.

발음이 꼬이면 다시 시작하기를 반복하면서 등줄기에서는 땀들이 흘러내렸다. 잠시 쉬었다가 물 한 모금 마시고 다시 촬영하기를 반복하면서 2개 강의를 끝내는데 4시간이 흘렀다. 이렇게 시간이 걸려서 17개를 언제 촬영할까? 라는 불안감이 맘속에서 떠나지를 않았다.

4시간의 촬영을 마치고 나오면서 다리도 풀리고 힘이 빠졌다. "왜 사서 고생하는 것이지" 나도 모르게 이 말이 튀어나왔다. 내 맘속 악마가 놀리듯 "그것봐 왜 고생이래"라며 한 마디 한다. 고등학교 선생님과 그리고 촬영팀과 스케줄을 조정하면서 2020년 2월 마지막 강의 촬영을 마쳤다. 17차시 강의를 모두 끝낸 것이다. 후련함과 뿌듯함이 온몸으로 퍼져나갔다. 역시 천사의 말을 듣기를 잘했다.라고 생각하면서 나 자신에게 칭찬 샤워를 해줬다.

주변에서 의뢰가 들어오면 뇌 속과 마음 속에서 천사와 악마가 각자의 의견을 들려준다. 나는 1~2초 생각해서 바로 천사의 의견에 동의하고 결정한다. 제안을 받아들이지 않으면 편하겠지만 시간이 흘러서 후회 할 것 같기 때문이다. 일단 해보고 실패하더라도 후회는 하지 않는다.

슈바이처는 "세상을 바라보는 방식이 그 사람의 운명을 결정한다."라고 했다. 지금 벌어진 일을 고민하는 것이 인생을 대체할 만큼 큰 문제는 아닐 확률이 높다. 사람들이 사고의 함정에 빠지는 이유는 모든 일을 너무 심각하게 받아들이기 때문이다. 끝도 없는 함정에서 빠져 나오려면 슈바이처가 말했듯이 세상을 바라보는 방식을 바꿔야 한다. 주변에서는 나를 '아주 특이한 사람이야'라고 말해준다. 나는 이 말을 좋아한다. 내 운명을 스스로 바꿀 수 있었던 힘은 벌어지는 사건들을 긍정적으로 바라 보는데 있다.

"부장님 오늘 체험자 명단이 두 명 늘어서 체험비가 예산보다 더 나올텐데 어쩌죠"

"괜찮아요, 나머지는 내 카드로 결재해요. 그럴수도 있지"

"그럼 내일 학교 가서 다시 기안올릴게요."

"그럴 필요 없어요. 얼마 되지도 않는데, 기안 추가로 더 올리면 복잡하잖아"

함께 한 시간속에서 나의 꿈이 시작되었다

"부장님, 이번에 아이들 데리고 뮤지컬 보려는데 괜찮을까요?"

"예산은 있나요?"

"예산은 많이 남았어요."

"그럼 계획 세워봐요. 교사는 3명 정도 포함시키고"

선생님들이 의욕적으로 하는 일에 나는 방패막이를 자처한다. 좋은 아이디어는 구체화해서 계획을 세우고 아이들을 데리고 활동할 수 있도록 지원 해준다.

"부장님 덕분에, 올 한해 하고 싶은 것을 아이들과 할 수 있었어요 감사해요"

연말 선생님 한 분이 이런 문자를 보내왔다. 아이들을 위한 활동들은 관리자들을 설득해서라도 진행한다.

이런 결정을 할 수 있었던 것은 세상을 바라보는 시각이 부정적이 아니라 긍정적이기 때문이다. 안전 사고 날까봐 걱정하고, 인솔 하는데 힘들 것 같아서 걱정 하다 보면 아무것도 하지 못한다. 코로나19 발생하기 이전에는 1년에 한 번 정도 관광버스를 타고 학생 모집해서 전국으로 진로 체험 투어를 다녔다. 전날까지 비가 쏟아지다가도 버스 출발할 때는 맑아지면서 햇살이 떠오른다. 하늘이 나의 마음을 이해해서 햇살이 비추는 것은 아니겠지만 나는 그렇게 믿고 있다. 세상 모든 에너지를 나는 잘 활용하려고 노력 중이다. 좋은 습관을 들이고 원하는 삶을 살고자 한다면 끊임없이 움직이고 행동해야 한다. 전혀 관심 없는 것이라도 일단 자기 것으로 만들기 위해 매일 매일 훈련하다 보면 자연스레 자기 것이 된다. 삶을 살다 보니 도전 해야 할 것들이 많다. 스스로 성장하기 위해 꾸준히 읽고 쓰기를 반복하는 중이다. 책만 읽으면 졸음이 오던 시절에는 잠들기 위해 책을 읽은 적도 있다. 지금은 깨어나기 위해 책을 읽는다.

프랑스 시인 알랭 사르띠는 "명작은 젊어서 한 번, 중년에 한 번, 늙어서 한 번 모두 세 번을 읽어야 한다"라고 말한다.

긍정적이고 미친 실행력을 꾸준하게 이어가기 위해서 자기계발서에서 고전명작들을 읽기 시작했다. 매년 초에 계획했던 일들을 하나 하나 이뤄가면서 재미를 느낀다. 세상을 내 페이스대로 살면 되는 것 같다. 작은 소소한 일에서 만들어지는 결과물에서부터 행복을 찾는 것이 중요하다. 그래야 삶이 행복하기 때문이다.

미친실행력과 긍정심 덕분에 공저포함 10권의 책을 출간했고 3권은 출판사에서 편집중이다. 책을 출간하면서 전국으로 강연도 다니고 있다. 마음은 항상 풍성하다. 미래에 대한 방향성을 명확하게 갖고 현재 내가 살아가는 방향성에 대한 자각을 가지고 있을 때 내 꿈은 이루어지는 것 같다.

읽고 쓰는 삶이 나의 운명을 결정하고 있다. "아빠, 나 결혼할 수 있을까?" 요즘 첫째 아들과 식사하면서 가끔 나누는 대화다. "당연하지, 결혼할 수 있을까? 라고 말하기 보다는 결혼할 수 있다"라고 말하라면서 내가 살아온 길에 대해 다시 얘기해준다.

사십 중반부터 내 운명은 스스로 만들어 가는 중이다. 나의 미래를 상상하면서 퇴직 후의 해야할 일까지 일목요연하게 계획을 세워두고 그것들을 하나씩 이루어가는 즐거움으로 살아가고 있다. 돈을 위한 활동들이 아니라 무언가를 이루어 낸다는 성취감이 행복을 만들어 주고 세상에 도전하게 되는 원동력이 되고 있다.

고등학교 3학년 때 원하는 대학교보다 내 성적에 맞춰가야하는 상황 속에서 나는 미래에 대한 비전도 없이 청년 시절을 보냈다. 하지만 항상 마음속에서는 긍정심과 해보고 싶다는 생각이 존재했다. 그 믿음과 생각들을 끄집어내고 실행에 옮길 수 있게 되면서 나의 삶에 변화가 생긴 것이다. 2022년 9월부터 가톨릭대학교 교육대학원 진로교육교재연구 강의를 나가고 있다. 내가 대학원에서 강의를 할 수 있었던 것도 미친실행력과 긍정적인 마음가짐이 한 몫 했다. 나의 끝없는 변화는 지금도 진행중이다.

02

내 가족을 지키고자 하는 외침

나컨세

어린 시절부터 지금까지 큰 탈 없이 무난한 삶을 살아온 인생이라 생각한다.

물론 아주 조금은 격정 적인 사춘기도 보냈을 것이고 40대인 지금까지 결혼을 하지 않았으니 누군가에게는 끝내지 못한 숙제로 남아 있을 수도 있다.

아마도 우리 엄마에게 내가 그런 존재가 아닐까 짐작을 해본다. 다른 집 엄마들은 딸내미가 30세가 넘어가도 결혼을 하지 않으면 여기저기 수소문을 해가며 사윗감을 알아보는데 지금까지도 결혼하란 이야기를 하지 않으신다. 2023년 어느 여름날, 딱 한 번 만 빼곤 말이다.

우리 정자씨는 올해 83세의 8학년 3반 고학년이다. 엄마를 정자씨라고 부르기 시작한 것은 2020년 즈음부터로 기억된다. 엄마를 잃을지도 모른다고 생각한 적이 2번이 있는데 그 처음이 폐렴

함께 한 시간속에서 나의 꿈이 시작되었다

으로 많이 아프고 힘들어하시는 엄마가 조금이라도 활기를 띠는 모습으로 반응하길 바라는 마음으로 시작된 장난스러운 말투가 지금까지도 습관처럼 불리게 되었다. 재미있는 건 "넌 엄마를 엄마라고 불러야지!! 정자씨가 머냐?" 하시면서도 한동안 안 불러주면 "왜~ 정자씨라고 안 불러~~"하고 물어보실 때가 있다. 그럴 때는 엄마가 귀엽다고 생각되는 순간이기도 하다.

6~7년 전부터 엄마의 건강이 조금씩 안 좋아지기 시작했다. 또래에 비해 좋은 건강을 유지하고 계셨기에 한 번씩 크게 편찮으실 때마다 쇠약해지는 모습을 지켜보는 것은 너무도 힘든 일이다. 누구보다 강인했던 분이라 몸도 마음도 변해가는 자신을 스스로가 적응해야만 하는 현실에 힘들어하시는 모습을 보는 것도 마음이 아플 때가 많다. 처음 응급실에 간 날을 아직도 잊을 수가 없다. 저녁부터 엄마의 상태가 좋진 않았지만 그냥 채한 거뿐이라며 대수롭지 않게 넘어갔었다. 새벽 1시가 좀 넘어서 점점 심해지는 복통과 구토 등의 증상이 계속되어 엄마를 모시고 응급실로 향했다. 택시를 겨우 타고 병원으로 향하는데 어느 응급실로 갈 거냐는 택시 기사님의 말이 들리지 않았었다. "일단 빨리, 가장 가까운 데로 가주세요~" 이 말밖에 할 수 없었다. 응급실을 가본 적이 없어 어디로 가야 할지를 몰랐었다. 우선 집 근처 대학병원으로 택시는 향했고 응급실로 들어가려 하니 사고 환자나 구급차를 타고 온 환자가 아닌 이상은 받지를 않는다는 말뿐이었

다. 너무나 당황스럽고 황당했다. 환자를 받지 않는다니 무슨 병원이 이 모양이지!! 욕을 해주고 싶었으나 시간을 계속 끌 수는 없었다. 다시 택시를 타고 다른 병원으로 향했다. 다행히 이곳에서는 접수를 할 수 있었고 응급실로 바로 들어가 간호사에게 엄마의 상태를 설명했다. 당직 의사를 호출했고 보호자는 나가서 접수를 하라는 말에 생각할 겨를 도 없이 엄마를 침대에 눕히고 밖으로 나왔다.

얼마의 시간이 지난 후 간호사가 엄마의 상태를 이야기해 주었다. 정확한 건 검사를 해봐야 알기에 우선은 진통제를 투여한 상태이고 조금 후 괜찮아지시면 엄마를 모시고 엑스레이를 찍고 오라는 것이다. 그때는 코로나 전이라 보호자가 응급실에 같이 있을 수가 있었다. 통증이 가라앉은 엄마는 나를 보며 "너 잠 못 자고 출근해야 해서 어쩌냐"라며 걱정하셨다. 나를 걱정하는 엄마의 마음은 알았지만 그 말을 듣는데 나도 모르게 화가 나서 "엄마 걱정이나 해~ 그러게 저녁에 아플 때 병원에 오자고 했잖아~ 말 진짜 안 들어~"라며 신경이 곤두선 말투로 대꾸를 하였다. 검사를 마치고 조금은 편안해진 엄마는 잠이 드셨고 그 사이 잠시 밖으로 나왔었다.

구급차에 실려온 환자, 혼자 아파서 응급실을 찾은 분, 환자를 기다리는 보호자들.

함께 한 시간속에서 나의 꿈이 시작되었다

응급실 안은 이리도 급박하고 분주한데 병원 밖 대부분의 사람들이 곤하게 잠든 이 새벽 시간은 너무나 조용해 마치 딴 세상에 있는 듯했다.

얼마 후 의사가 엄마의 상태를 설명해 주었다. 장염으로 보이는데 연세가 있으시고 검사 결과의 여러 수치가 좋지 않아 입원을 하라는 이야기였다.

엄마에게 입원 사실을 말하자마자 처음에는 무슨 입원을 하냐며 약 처방해 주면 그것 먹고 괜찮아질 거라고 입원을 하지 않겠다는 것이었다. 잠깐의 실랑이가 있었고 설득을 한끝에 엄마도 내 생각을 따라 주어 입원 절차를 밟아 갔다. 병실 선택부터 입원하러 가는 내내 모든 상황들이 너무 낯설게 느껴졌다. 환자복을 갈아입고 나를 바라보는 엄마의 눈빛이 왜 그리 슬퍼 보였는지 나도 모르게 눈물이 흘렀다. 그 모습을 보여주고 싶지 않아 필요한 용품 사러 편의점에 간다는 핑계로 병실을 나왔다. 캄캄한 새벽 밤, 난생처음 느껴보는 무서움이 들었다. 어린애가 아닌데, 엄마가 지금 당장 위중한 것도 아닌데도 30대 중반이 넘은 성인이 두려움을 느끼는 것이 머리로는 내가 왜 이러지 하면서도 진정이 되지 않았다. 응급실이 처음이어서 그런걸까, 환자복을 입고 있는 엄마의 모습이 너무도 안쓰러워서일까, 입원을 해야 하는 상황에 다른 누군가와 상의를 할 수 없다는 현실때문이었을까. 그렇게 한참을 있다 혼자 딸내미를 기다릴 엄마를 생각하니 번뜩 정신이 들어 얼굴의 물기를 없애고 병실로 향했다. 간병은 누가 할것이냐는 간호사의 말에 당시 엄마 옆에 무조건 있고 싶었던 나는 따로 간병인을 두지 않았었다.

회사에 사정 이야기를 하고 오전은 출근해서 업무를 보고 오후에 병원으로 가 엄마 간병을 하고 새벽에 다시 집에 가서 출근을 했었다. 간병을 처음 했기에 힘들기도 했었지만 엄마 옆에 내가 있을 수 있어서 다행이란 생각을 정말로 많이 했던 시간이었다. 2주 후 엄마는 건강하게 퇴원을 하셨다. 그 후로 새벽 응글실행은 몇 번 더 있었고 무서움도 함께였지만 한 가지 달라진게 있었다.

30대 중반까지 내가 살아온 삶은 일이든 연애든 무엇이든지 더 잘해내고 싶은데 그러지 못한 내 자신을 다그친 인생이었고 조금이라도 더 잘 살고 행복해지기 위해 나름 열심히 산 삶이었다. 그 안에서 지치고 어려운 일들도 있었지만 가족의 아픈 삶을 겪고 나니 그 이전의 힘듦은 아무것도 아니라는 것을 알게 되었다.

내가 가족을 책임지는 게 무엇인지 엄마를 지켜주는 게 어떤 것인지를 제대로 알게 된 것이다. 응급실에 갈 때마다 입원을 할 때마다 무서움과 두려움도 있었지만 내가 더 잘 버텨야 하고 강해져야 한다는 마음이 조금씩 더 많은 자리를 잡게 되었다. 물론 퇴원 후 일상으로 돌아오면 또 티격태격하는 모녀의 삶이지만 그마저도 나중에는 더 그리워질 것을 이제는 너무도 잘 알기에 그 시간들을 잘 이겨낼 힘이 생기게 된 것이다.

"산다는 것은 괴로운 것이다." 아르투어 쇼펜하우어가 한 말이다. 누구의 고통이, 어떤 고통이 더 아프고 견디기 어려운 것인지는 당사자가 되어 경험을 해보지 않으면 알 수가 없다. 그래서 이 세상을 살아가는 모든 사람들의 역경과 그 무게는 다를 수밖에 없는 것이다. 오늘도 주어진 하루를 살아내는 것 자체가 누구도 결과를 알 수 없는 모험의 시간들이다. 그 시간 속에서 한 끄트머리 놓지 않고 붙들고 있는 게 있다면 내 가족들과의 행복을 꿈꾸는게 아닐까 생각된다. 우리 정자씨를 조금이라도 더 잘 지켜내는 것이 지금은 나 자신을 일으켜 세우는 삶이 아닐까 생각해 본다. 또한 나의 가족들 각자의 모험 시간 안에는 '나'도 함께하고 있다는 것을 잊지 말자. "정자씨~~ 내가 정말 정말 많이 사랑해~~"

03

내가 힘들때 조차 나에게 친절할 수 있기를

하랑

살면서 죽을 때까지 가장 오래 보는 사람이 누구일까요? 맞아요. 우리 자신이에요. 주변 사람에게는 위로도 잘해주지만 정작 자신이 힘들 때는 돌보지도 않고 스스로를 탓하는 경우도 많아요. 그러니 번아웃도 오고 우울증도 겪는 것 같아요. 최근에 자신에게 친절하기로 했다고 선포하면서 스스로를 돌보고 있는 저희 아가씨를 소개하고자 해요.

저희 아가씨는 우선 돈을 멋지게 쓰는 사람이에요. 아가씨가 첫 아이 임신했을 때 시아버지에게 신차 뽑으라면서 천만 원을 송금했어요. 2009년도 말이고 아가씨가 결혼한 지 5년째 되던 해였죠.

"왜 그리 큰 돈을 아들도 아니고, 며느리가 보내요?" 제가 물었어요.

"공무원으로 정년퇴임 후 고향으로 내려와 감나무 농사를 하면
서 평탄하게 지내셨는데 하루아침에 큰아들이 심근경색으로 죽
었어. 자식을 앞세운 부모 마음이 어떠했겠어. 그 일이 있고 1년
후에 봉고차만 모시던 분이 승용차를 사시겠다고 하더라고. 남편
도 은근히 돈을 보태드리고 싶어 했어. 연세가 있으시니 금번에
차를 사게 된다면 마지막으로 뽑는 신차일 수도 있겠다 싶었어.
나 역시 마음고생 하다가 임신이 되었으니 가족들과 자축하고 싶
었고, 자랑하는 것을 낙으로 사시는 시부모님에게 자랑거리를 드
리고 싶은 마음도 있어 천만 원을 송금 한 거지"

우리 아가씨는 통도 크고 돈을 어떻게 써야 상대방이 감동하는
지 잘 아는 분이죠. 남편 생일 때마다 시어머니께 50만 원씩 수
년간 송금했어요. '막내아들 낳느라고 얼마나 고생하셨냐?' 라면
서요.

시댁 식구들과 매년 한 차례씩 해외여행을 다녀요. 필리핀 팔
라완, 마닐라, 보라카이, 코타키나발루, 일본 도쿄, 베트남 푸꾸
옥 등 15명 내외의 식구들을 이끌고 본인이 마치 가이드처럼 인
솔하면서 다녀요. 저라면 절대 못 할 것 같은데 저희 아가씨는
'앞으로 시댁과 절대 여행 안 갈 거야'라고 다짐에 다짐을 하면서
도, 그다음 해에 여행 일정을 또 잡더라고요. '도대체 왜 그러냐

고?' 물었더니 '남편과 애들이 좋아하잖아~'라고 말하더라고요. 출발할 때는 좋은 마음으로 가지만 여행 중에 시댁식구에게 상처 받기도 하고, 조카들이 무심코 내뱉은 말에 당황하기도 했죠. 그럼에도 시댁 식구들과 매년 가는 것을 보면 우리 아가씨가 기억력도 안 좋고 계산적이지도 못한 것 같아요. 그리고 남편을 엄청나게 사랑하나 봐요. 그러니깐 시댁 여행을 매번 함께 가는 거겠죠?

우리 아가씨는 일에 있어서 기준이 높고 일 잘한다는 소리를 자주 듣지만 만족을 모르세요. 칭찬을 받으면 '어제까지 잘한 것에 대한 칭찬이다. 현재 잘하고 있다는 의미가 아니다' 라는 말을 자주 해요. 일을 잘 하지는 못하는 제가 듣기에는 여간 재수없는 게 아니에요. 우리 아가씨는 '백조'의 전형으로 물 아래에서는 엄청나게 발길질을 하지만 물 위에서는 아주 평온해 보이는 척을 한답니다. 성과를 내려고 노력도 많이 하지만 막상 좋은 결과가 나오면 운이 좋았다는 둥 겸손한 척을 해요.

신입사원일 때 일을 기가 막히게 잘하는 사수를 만나서 태도부터 제대로 배웠다고 해요. 실력 있는 선배를 만나서 일을 배운 것은 좋았는데 그 사수가 완벽주의 성향이 강한 분이어서 자연스레 아가씨도 그 영향을 받았죠. 일 배우는 데 시간을 엄청 투자하다 보니 신입사원이었지만 생각하는 수준은 5년 차 정도 되었던 것 같아요. 또래 동기들과 대화하는 것보다 선배나 조직장들과 대화

함께 한 시간속에서 나의 꿈이 시작되었다

하는 것을 더 재밌어했거든요. '문제에는 반드시 답이 있다'라는 것을 그때 많이 배웠던 것 같고, 지금도 문제해결력 만큼은 탁월하죠. 문제의 원인을 정확하게 파악하고 대안들은 뭐가 있는지 살피고 누구에게 도움을 받아야 할지, 복잡계를 고려하여 어디를 건드려야 할 지 등을 전체적으로 생각하세요. 문제해결 능력을 갖추기까지 얼마나 큰 노력을 했겠어요. 세상에 공짜는 없으니깐요.

우리 아가씨는 작년에 골프를 42회 쳤어요. 골프를 치면 돈과 시간이 많이 드는데도 불구하고 왜 많이 쳤을까 생각해 보면 골프가 그녀에겐 오티움(Ótium)인 것 같아요. 『나는 왜 나를 함부로 대할까』 책에서 문요한 저자는 오티움을 '결과를 떠나 활동 그 자체로 삶에 기쁨과 활기를 주는 능동적 여가 활동'이라고 설명했어요. 회사 일 다 잊고 고민도 잊고 골프 치는 시간만큼은 오롯이 본인이 좋아하고 기뻐하는 것에 몰두한 거죠.

2006년에 MBA를 다녔는데, 그때는 정말로 일과 휴식의 경계가 없었는데요. 집에 가서도 일을 했고 퇴근 이후에도 업무 관련 전화를 많이 받았어요. 대학원을 다니면서 '장소의 shift'가 주는 힘을 알게 되었다네요. 더군다나 매번 30분씩 수업에 지각하다 보니 못 들은 그 30분 수업을 따라잡느라 초집중하게 되고, 자연스레 회사 생각이 떠오르지 않았는데요. 지금 생각해 보면 그때 아가씨는 번아웃 상태였던 것 같은데 대학원을 안 다녔다면 일과 삶이 분리되지 않아서 심각한 우울증에 걸렸을 것 같아요.

사람들은 우리 아가씨에게 '강해 보인다'라고 하는데 제가 보기엔 남에게 싫은 소리 해놓고 스스로 괴로워하는 유형이에요. 팀원이 실수하거나 일을 제대로 하지 않으면 지적하세요. 참으로 조목조목 지적을 해 놓고선, '그렇게까지 심하게(?) 말할 필요가 있었나?'라면서 스스로 자책도 많이 하세요. 사원일 때는 주어진 일만 잘하면 되는데 부서장이 되고 나서부터는 팀 전체의 성과를 책임져야 하니깐 스트레스가 더 늘어났데요. 스트레스를 받으면 음식을 끊임없이 먹어요. 많이 먹으면 배가 더부룩하고 배가 더부룩하면 기분이 별로고 기분이 별로니깐 초콜릿을 찾게 되는 악순환에 빠지더라고요.

성격은 또 얼마나 급하게요. 감기라도 걸리면 컨디션이 바닥이 되잖아요. 빨리 나으려고 하루에 감기약을 네 번 먹기도 하는 독종이에요. 빨리 낫고자 하는 마음은 알지만 본인이 의사도 아니잖아요. 일중독 또는 도파민 중독 같아요.

아가씨에게는 아들과 딸이 있어요. 자녀들과 속 깊은 대화도 자주 하지만 화가 나면 일단 목소리가 커져요. 숙제를 안 하거나 약속을 지키지 않고 거짓말을 하면 아주 매섭게 말하는 편입니다. 그렇게 소리를 지르고 나면 후회를 많이 하세요. 아이들에게 사과를 했어도 미안한 마음에 밤잠을 설치기도 해요. 사과했다고 아이들이 받은 마음의 상처가 온전히 치유되는 것은 아니니깐요. 사랑하는 마음이 바탕이었다고 해도 표현이 거칠었다면 아이들은 상처받을 수 있죠.

최근에 유튜브에서 김창옥씨가 강연하는 것을 본 적이 있어요. "가족을 사랑하지 말고 가족에게 예의를 지켜라." '아들과 딸을 사랑한다고 해서 표현까지 거침없이 해도 되는 것은 아니다. 사랑하지 말고, 차라리 매너를 택하는 편이 관계 유지에 도움이 된다'라고 말했는데 아가씨가 공감하셨다고 해요.

아가씨가 스스로와의 관계도 마찬가지라면서 『채근담』에서 나온 '명이점통' 내용을 알려주시더라고요. '밝음으로써 점점 통하게 하라'는 의미로 어둠을 내쫓기보다 밝음을 키우라는 뜻이고, 무릇 자신을 돌보는 사람은 막힌 곳을 억지로 열어젖히려고 할 게 아니라 열린 곳에서부터 시작해서 점점 넓혀나가는 것이 필요하다'라고 하시네요.

짐작하셨겠지만 제가 아가씨이고, 아가씨가 저예요. 메타인지를 활용하여 저를 스스로 탐구해 보았어요. 『나는 왜 나를 함부로 대할까』에서 문요한 저자는 '사람에 대한 친절이 이웃에 대한 기본적인 예의인 것처럼 자기 친절 또한 힘든 삶을 살아가는 자신에 대한 기본적인 예의다'라고 했어요. 제 인생을 돌아보면 '열심히 해야 한다. 신중해야 한다'라면서 저 자신을 볶으면서 살았던 것 같아요. 잘한 것도 많았고 다른 사람보다 더 열심히 한 것도 많았는데 잘하는 것에 대해서는 인정과 칭찬을 하지 않고, '더 많이, 더 빨리'를 주문했어요. 시도조차 하지 않은 사람도 많았는데…, 성공시키지 못하면 "무엇이 부족했을까"라면서 저에게서 원인을 찾으려고 했어요. 실패했다는 것은 시도했다는 것이고 시도하지 않은 사람은 실패의 경험도 없는 것인데 그걸 너무 늦게 깨달았어요. 우리는 모두 자신에게 칭찬과 인정을 더 해줘야 하는 것 같아요. 본인에게도 사랑보다 친절이 먼저 인 것 같아요.

"내가 힘들 때조차 나에게 친절할 수 있기를!"

04

도전과 성장의 여정 보험 여왕

김예서

어느날, 평소와 다른 전화 한통이 나의일상을 바꿔 놓았다. 조용한 성격의 친정 오빠로부터 뜻밖의 전화가 왔다. "○○아, 오빠랑 점심이나 먹자."라고 말했다.

오빠와의 점심 식사는 처음 있는 일이고, 더구나 전화를 해서 밥을 먹자는 애기는 평소의 오빠 모습은 아니었다. 오빠를 만나서 맛있는 음식을 배불리 먹고 커피숍에서 차를 마시며 대화를 나누었다. "오빠 왠일이야?"라고 물었을 때, "왜? 오빠랑 점심 먹는 것 싫으니?" "아니, 좋아서 그래." "우리 막내 너무 좋아하는데 자주 이런 시간을 갖어야 겠구나" 점심 식사후 오빠는 보험 설계사 일을 제안했다. "2주정도 교육을 받고 시험에 합격하면 ○○원을 준다"는 말에 "교육받고 시험에 합격하면 돈을 준다고?"

"교육기간은 얼마나 되는데?" "2주정도" "시험이 어렵지는 않아?"

"아니, 쉬워." 오빠는 보험회사 영업소장으로 발령 받고 첫 번째 나에게 제안을 한 것이다. "시험에 합격해도 보험 영업 하라고 하면 안돼" "난 그런 것 못해" 단호하게 시험만 보겠다고 잘라 말했다. 그렇게 시험을 보고 합격하고 며칠 출근을 하니 첫월급을 받았다. 하얀 봉투에 들어있는 돈을 확인하고 깜짝 놀랐다.

149.000원이었다. 큰돈이다. 이돈이면 한달 우리 3가족이 생활비로 충분한 금액이었다.

막상 돈을 받고 보니 영업하는 직원들도 없는데 그만 둔다는 말을 차마하지 못했다.

오빠가 영업소장으로 일을 하는 터라 활동하는 설계사를 늘려야겠다. 처음에는 망설였지만 결국 도전하기로 마음을 먹었다. 1989년 이때만 해도 보험에 대한 인식이 좋칠 않았었다. 지인을 찾아가 보험영업을 하고, 아는 사람들에게 보험판매하고 얼마가지 않아 영업을 할곳이 없다며 그만 두는 일이 태반이었던 시절이었다. 회사에서 정책적으로 선발한 "리라" 사원에게는 찾아갈 업체를 만들어주고, 영업을 하라는 방침으로 회사를 배정해주었다. 나에게 배정된 회사는 "○○그룹의 전무이사를 찾아가"란 말을 듣고 방문 하기 위해 사탕 한 개씩 넣어 포장했다.

○○그룹에 도착했을 때, 예상치 못한 장애물에 직면했다.

"무슨 일로 오셨나요?" 경비원의 물음에,

"○○이사님을 뵈러 왔어요"라고 대답했다, 경비원은 비서실에 전화를 걸어 확인 한 후 "이사님은 외부에 계시니 다음에 오세요"라고 말하셨다. 경비 아저씨 말씀에 아~~그냥 돌아가야 하나? 한 개씩 포장한 사탕들이 무색해지며, '그럼 이 사탕들은 어쩌지' 갑자기 머리가 복잡해졌지만, 순간 정신을 차리고 가져간 사탕을 모두 경비원에게 건네며 다음 방문을 기약했다. 두 번째 방문도 역시 경비실에서 제지를 당하고

터덜 터덜 걸어 오며 '다음에 꼭 저 경비실을 지나 사무실로 들어가고 말거야' 다짐을 하자, 나도 모르게 오기가 생겼다. 입구에서 통제를 한다는 것은 "나 뿐만 아니라 다른 영업사원도 들어가지 못하겠구나', 옳다 이곳을 '나의 보험 영업 터전으로 만들어야지' 반드시 ○○그룹은 내 영업장으로 만들 거야

세 번째 방문 때, 드디어 경비원의 허락을 받고 사무실로 들어갈 수 있었다. 그 순간, 긴장과 두려움을 느꼈다. 과연 이사님을 만날면 무슨 말을 할까? '직원들과 어떻게 대화를 나눌 수 있을까' 하는 생각이 머릿속을 가득 채웠다. 하지만 용기를 내어 명함과 사탕을 돌리며 앙케이트 조사를 시작했다. 앙케이트를 받다 보니 개인이 신상을 알게 되니 마치 계약이라도 성사 된 듯 그 기쁨은 이루 표현할수 없었다. '아~~이제 시작이야' 이젠 내가 찾아갈 수 있는 일터가 생긴 셈이다.

'바이오리듬' '운세풀이'를 뽑아다 주며 직원들과 친숙한 관계를 맺기 시작했고, 출입한지 1달여 만에 첫계약이 이루어졌다. 3년

만기 100만 원짜리 적금식 보험 한달에 23.100원 납입하는 보험으로 성사된 계약은 나에게 새로운 활력소를 불러 일으키며, 5건의 계약을 체결해야 협약을 할수 있는 조건을 맞추어 ○○그룹과 교보생명이 협약 체결로 이어졌다. 보험료 5% 할인 혜택과 급여 공제는 직원들에게도 큰 이점이었다.

처음에 1호로 가입해주신 이사님을 기점으로 직원들까지 보험에 가입을 하며 영업은 날로 번창했겠다. 이사님이 첫 계약을 하면서 부하직원은 자동적으로 굴비 역듯이 순조롭게 계약이 이루어졌다. 계열사까지 확장해서 영업 구역을 넓혔고, 영업이 잘 되면서 수입도 늘어났다. 영업의 범위는 넓어지고 영업은 활성화가 되어 영업 실적 부족으로 고민한 적은 없었다. 열심히 한 결과 일까?

불과 9개월의 영업으로 이룬 성과로 연간 종합시상에서 우수상을 수상하는 영광을 얻었다. 연간 종합시상에서 우수상을 받게 되니 부상으로 전국에서 4명만 선발되는 일본 연수 여행에 참여할 기회를 얻었다.

일본연수는 나에게 많은 것을 가르쳐 주었다. "일본인의 검소한 생활방식과 근면한 근무태도에서 큰 교훈을 얻었다. 이 경험은 내가 보험 영업을 바라보는 시각을 전환 시켜주었다. 고객의 필요를 깊이 이해하고, 그들에게 진정으로 가치 있는 서비스를 제공하려는 일본 영업인들의 태도는 나에게 큰 자극을 주었고, "영업은 단순히 상품을 판매하는 것이 아니라, 고객과의 신뢰를 구축하고 그들의 삶에 기여하는 일이다"라는 깨달음을 얻었다.

이러한 깨달음은 나의 영업 방식에 긍정적인 변화를 가져왔다. 고객과 더 깊이 소통하려는 노력은 점차 그들로부터 신뢰를 얻는 결과로 이어졌다.

일본 연수를 통해 배운 가장 중요한 교훈은 '변화에 대한 두려움을 극복하고 새로운 도전을 받아 들이는 용기'였다

"이 경험이 없었다면 오늘날의 나는 없었을 것" 이라고 자신있게 말할 수 있다.

이 연수는 나에게 새로운 시각을 열어주었고, 내 삶과 직업에 대한 태도에 긍정적인 영향을 미쳤다.

만약, 오빠가 나에게 보험설계사를 권하지 않았다면? ○○그룹 경비실에서 실망하고 다시 찾아 가지 않았더라 라면?? 혹은 가져간 사탕을 경비원에게 나눠주지 않고 그냥 돌아섰다면? 그 경비원이 3번째 방문에 문을 열어 줬을까? 경비실의 통과와 두 번 세 번 실망하지 않고 계속해서 방문한 것이 ○○그룹에 발을 들여놓고 계열사 전체로 퍼져 나가는 일은 없었으리라 믿어 짐작한다.

로마의 철학자 세네카는 "인생은 용감한 자에게는 더욱 아름답다"라는 삶의 도전과 어려움 속에서도 용기를 잃지 않고 앞으로 나아가는 이들이 진정한 아름다움과 성취를 얻을 수 있다는 것을 상기시켜 준다. 우리가 겪는 모든 고난과 시련은 결국 더욱 강하게 만들고, 그 과정 속에서 얻은 교훈과 경험은 인생의 가장 값진 자산이 된다.

오빠의 제안으로 시작된 보험 설계사의 길, 보험 업계에서의 눈부신 성장은 변화와 도전 앞에서 용기와 결단력을 잃지 않는 것의 중요성을 일깨워 준다. 이 이야기가 여러분에게 도전의 순간마다 용기를 내어 당당히 자신의 길을 걸어갈 수 있는 영감을 주길 바란다.

여러분 모두가 자신의 삶에서 '보험여왕'이 될 수 있기를 진심으로 기원한다.

함께 한 시간속에서 나의 꿈이 시작되었다

05

독서와 음악으로 활력소를 찾다

북힐공방

인생의 고난스러운 순간마다 내게는 항상 도서관이라는 안식처가 있었다. 책은 지식과 지혜를 알게 해주고 새로운 영감을 불어넣는 놀라운 힘을 갖고 있다고 믿는다. 책을 읽음으로써 삶에 대한 긍정적인 사고방식을 기르게 되었다. 산책하며 돌아오는 길목에 도서관이 있다. 책 냄새가 편안한 안정감을 줬고 책상에 앉아 책을 읽을 때면 그 순간 책 속에 빠져들게 되고 마음이 행복해진다.

어느덧 오십이라는 숫자를 넘기고 나니 갱년기라는 불청객이 찾아왔다. 나이가 들어 난소가 노화하면 배란과 여성 호르몬의 생산이 더 이상 이루어지지 않는다. 이 현상을 폐경이라고 말한다. 호르몬 변화로 골다공증과 고혈압 및 관상 동백 질환이 발생한다. 호르몬 결핍으로 진료를 받고 약 처방을 해준다. 나도 병원에서 약 처방을 받기 전 유방암 검사도 했다. 호르몬제가 유방암으로 발생될 수 있다고 하기 때문이다.

갱년기는 안면홍조와 함께 피로감, 불안감, 우울, 기억력 감퇴 등을 동반하기도 한다. 사람마다 증상도 다르다. 잠을 못 자는 사람도 있다. 다행히 나는 잠은 충분히 잘 자게 되었다. 가장 심한 증상은 안면홍조가 심하고 시도 때도 없이 열이 나고 땀이 머릿속부터 나기 시작하면 조절하기가 힘들었다. 처음 초기 증상은 한 달 동안 잠잘 때 땀이 너무 많이 나서 잠옷이 다 젖을 정도로 온몸이 불덩이처럼 달아오르는 일이 반복되었다. 시원하게 미온수로 샤워를 해도 별 효과가 없었다. 온몸에 진이 다 빠져나간 듯 힘이 빠지고 의욕이 없어졌다. 건강식품을 선호하지도 않고 관심도 없던 내가 열이 나면서 건강원에서 갱년기에 좋다는 염소 진액을 먹기도 했다. 가족들에게도 지금 갱년기가 왔다고 말해줬다. 너무 약에 의존하는 것보다 소소하지만 확실한 행복을 찾아보고, 재미있는 것을 직접 도전해 보거나 자신감을 얻을 수 있는 일을 하는 것도 도움이 된다. 그중에서 가장 도움이 되어준 것은 음악이었다. 깊이 있게 듣거나 특정한 가수를 좋아하지도 않았던 내가 우연히 트롯 경연에 나온 젊은 청년이 부른 '바램'이라는 노래를 듣게 되었다. 임영웅 가수가 내 가슴속까지 파고들며 노래 가사가 목소리를 통해 내 감성을 건드리며 충분한 위로가 되기 시작했다. 갱년기의 시기와 맞물리기도 했고 막내까지 결혼을 하고 집을 떠나게 되었을 시기였다. 지금까지 살아온 나라는 사람

함께 한 시간속에서 나의 꿈이 시작되었다

은 뭘까? 열심히 살았는데 나에게 남아있는 건 더 이상 의지할 곳 없는 빈 상자처럼 공허함이 찾아왔다. 평소에는 연예인 관심도 없던 내가 연예정보를 찾아보고 하루 종일 핸드폰에서 흘러나오는 음악은 내가 처음으로 좋아해 보는 임영웅 가수의 노래였다.

엄마의 변화에 가족모임에서 화제가 되는 인물은 임영웅 가수의 이야기꽃으로 화기애애 해졌다. 며느리까지 슬그머니 내가 좋아하는 가수의 굿즈를 사와 기쁘게 해주기도 했다. 남편은 이제 그만할 때도 되지 않느냐고 넌지시 물어보았지만 차를 타고 이동할 때면 센스 있게 임영웅 노래를 틀어준다. 즐거운 마음으로 생활하다 보니 어느 순간 내가 언제 갱년기가 왔냐 싶게 나의 허한 마음을 임영웅 가수가 채워주고 있었다.

그 시작은 2020년 전 세계를 혼란에 빠뜨린 최악의 코로나 팬데믹이 왔을 때이다. 여행을 갈 수도 없고 외출도 자유롭지 못할 때 음악이 충분한 대리만족을 시켜줬다. 내성적이고 말수도 별로 없는 내가 연예인 이야기가 나오면 적극적이고 말도 많아지고 활기찬 모습에 주위 사람들은 웬일이냐며 나를 놀리기도 했다. 포토카드 한 장이 뭐라고 친한 친구들은 한 장씩 모아서 나에게 가져다주기도 했다. 꿈은 커진다고 진짜 콘서트에 가고 싶은 마음이 점점 커져갔다. 정식 응원봉을 사놓고 손꼽아 기다려봐도 매번 티켓팅에 실패했다. 보고 싶어 하는 사람은 많고 인원은 한정되어 있고 팬들이 늘어날수록 낙타가 바늘구멍 통과하기보다 어렵다는 티켓팅 성공하기였다. 임영웅 콘서트는 꼭 가보고 싶었기 때문에 여기저기 넌지시 운을 떼어놓았다. "언니 티켓팅 날짜 말해주면 자녀에게 티켓팅 도전해 보라고 할게"라고 했다. 나는 천군만마를 얻은 기분이었다. 티켓팅 도전하는 날 가족과 지인 누구든 티켓팅에 성공하기를 간절히 기도했다. 티켓팅을 앞두고 노트북과 컴퓨터, 핸드폰까지 켜놓았다. 아들 딸 지인 찬스까지 동원한 결과 15분 후 "언니야 티켓팅 두 장에 성공했다"라는 기쁜 소식이 전해졌다. 딸 친구가 성공했다고 했다. 흥분된 목소리가 고스란히 전해졌고 서로 고맙고 축하한다고 했다. 가족들 모두 이제 '엄마 소원 풀었네'라며 축하해 줬고 내일처럼 즐거워해줬다. 콘서트 날짜를 기다리는 시간도 설레고 행복했다.

서울 콘서트 2023년 10월 28일 오후 6시인데 집에서 오전 10시에 출발했다. 교통편은 편리한 지하철로 이동했는데 문이 열리는 역마다 삼삼오오 파란색 굿즈 티셔츠를 입고 있었다. 처음 보는 사람이지만 서로 팬이라는 것을 알 수 있었고 지금 콘서트장으로 가는 것을 짐작할 수 있었다. 눈으로 인사하며 얼굴에 밝은 미소가 상대방도 즐겁게 만들어주었다. 티브에서 보던 모습을 직접 와서 보고 나니 내가 드디어 콘서트에 와 있구나 실감이 났다. 긴 줄을 서가며 포토존 사진도 찍고 굿즈도 샀다. 음악에 맞추어 춤을 추는 사람도 있고 사람들의 밝은 표정만 봐도 덩달아 기분이 좋아졌다. 우리도 돗자리를 펴고 간식으로 김밥과 떡을 준비했고 과일 음료수를 가방에서 내놓고 넓은 잔디밭에 소풍 나온 학생처럼 들떠있는 마음 있었다. 이런 기분이 얼마 만인가 싶었다. 굿즈 티셔츠도 입고 머리에는 파란색 리본을 맞추어 서로에게 꽂아주고 공연시간을 기다렸다. 볼거리 즐길 거리가 풍부하니 기다리는 시간도 지루할 겨를이 없었다. 드디어 입장이 시작되었다. 아르바이트생들이 얼마나 친절한지 지정된 자리까지 완벽하게 안내를 도와주었다. 한 시간쯤 지나서 드디어 기다리던 콘서트의 서막이 열렸다. 우주에서 지구로 우주선을 타고 내려오는 무대 장식에 입이 벌어질 만큼 웅장함에 압도당하고 온몸에 소름이 돋을 정도로 환상적인 무대였다. 춤과 노래 실력은 말할 것도 없이 음원을 틀어놓은 착각에 빠질 정도로 노래를 혼신의 힘을 다해 불렀다. 관객과 가수가 하나 되어 뛰고 응원봉을 마음껏 흔들며 지금까지 공연장을 다녀봐도 이렇게 잘 되어있고 많은 관객과 함께 보는 공연은 처음이라 감회가 새로웠다.

공연 중간지점이 되었을 때 큰 스크린 화면 속에 내가 읽었던 코스모스에 대한 책 한 문장이 위로 올라갔다. 자신의 콘서트를 통해 '우리는 모두가 소중한 존재라는 것'이라는 메시지를 전달하였고 우리가 살아가는 이 세상을 '창백한 푸른 점'이라는 지구에 대한 표현 문구를 전하며 그 속에 우리 모두가 가치 있는 존재라고 말했다. 나는 칼 세이 컨이라는 말을 들을 때 깜짝 놀랐다. 목요일마다 진행하는 벽돌 북클럽에서 이미 이 책은 읽었었고, 책을 읽었다는 자부심을 느끼게 해주는 충분한 문구였다. 책의 중요성을 다시 한번 느끼며 몰입해서 책을 더 가까이 두고 읽어야 겠다는 다짐도 하게 됐다. 3시간을 혼자서 노래면 노래 춤이면 춤 손색없는 공연이었다. 말솜씨 또한 관객을 들었다 놨다 노련 미가 있었고 유머까지 겸비한 가수였다. 곳곳에 배치되어 있는 스태프의 인원에 놀라웠고 귀갓길에 지하철역까지 친절하게 안 내를 해주는 배려 깊은 공연이었다.

공연을 본 느낌은 수많은 사람들을 한마음으로 즐길 수 있게 해주었고, 행복한 순간을 함께 느낄 수 있어서 고맙고 감사한 마 음이 들었다. 콘서트를 본 사람들은 그 순간을 잊지 못하고 힘든 순간 다시 꺼내볼 수 있는 추억의 시간이 되어주었을 것이고 삶 의 희망과 꿈을 갖고 살게 만들어주는 원동력이 충분히 될 수 있 었다. 매일 일만 하고 그날이 그날처럼 반복되는 삶 속에서 에너 지를 얻을 수 있는 시간은 사람을 변화시키고 긍정적인 마인드를 갖게 해준다. 기회가 되면 다음에 콘서트를 보러 갈 생각이다. 독 서와 음악을 통해 마음의 위로를 받고 다시 좋은 영향력을 받을 수 있다면 삶이 더 풍요로워질 거라 믿는다.

함께 한 시간속에서 나의 꿈이 시작되었다

06

그럼에도 불구하고 다시 살아간다

꿩알

살다 보면 인생이 막막해질 때가 있다. 특히 건강에 문제가 생기면 아무것도 할 수 없게 될까 두려워진다. 아프면 일도 식사도 자유롭지 못하다.

삶에 위기가 왔다. 남편이 쓰러지면서 병원에서 청천벽력 같은 소리를 들었다. 신장 기능이 나빠졌다며 집중해서 신경을 써야 하고 식단관리를 철저히 하라고 하셨다. 일도 좀 쉬면서 컨디션 조절을 했어야 했다. 그러나 일하던 습관이 쉽게 내려놓지 못하고 해야 할 일이 많다 보니 다시 과로를 한다. 제아무리 천하장사라도 건강을 장담할 수 없듯이 병은 그렇게 소리소문 없이 몸속에 자리잡고 있었다. 몸이 보내는 신호를 잘 살펴보아야 했다. 그 신호를 알아차리지 못하고 통증을 참다 보면 큰 절망과 고통으로 병마와 싸워야 한다. 남편은 가장으로써 무거운 책임감을 느꼈던 것 같다.

신장은 한번 나빠지면 회복이 불가능하다고 한다. 과로와 스트레스가 절정적으로 치닫고 일에 몰두하다 보니 검진 날 의사 선생님은 투석을 준비해야 한다고 하셨다. '아니 이게 무슨 날벼락입니까?' 투석이 무엇인지도 몰랐다. 그제야 위급한 상황을 깨달았다. 더 많이 보이는 것 같다. 지나가는 거리간판에 혈액투석이라는 간판이 보인다. 내가 생각하고 고민할 때 그 대상이 더 자주 보인다. 혈액투석은 인공신장기(투석기)를 이용하여 신장기능을 대체하는 것이다. 주3회 하루4시간을 투석 받아야 한다. 다양한 부작용도 나타날 수 있다. 신장이 재기능을 하지 못하면 생명에 지장을 준다.

투석을 하지 않는 방법은 신장이식 수술을 받으면 된다고 하니 희망은 있다. 기증자를 기다리는 건 오래 걸리고 친형제가족이 제일 잘 맞지만 선뜻 말하기가 조심스러웠다. 모두 가정을 이루고 살다 보니 자기 몸을 자기 맘대로 결정하지 못하는 것이다. 이해하지만 살려달라고 매달리고 싶었다. 그러나 그렇게 하지 않았다. 내가 보호자인데 누구한테 이 짐을 떠넘긴다 말인가, 내가 할 수 있다면 내 걸 주고 싶었다. 혈액형이 달라도 줄 수 있다는 설명을 듣고 교차반응 혈액 검사를 받기로 했다. 남편은 안 받겠다고 고집을 부렸다. '우리 둘 다 무너지면 애들은 어쩌란 말인가' 남편의 마음도 이해는 가지만 어쨌든 우린 함께 살아야 한다, 내 신장을 줄 수 있다면 주겠다고 말했다.

병원에서는 내 피를 뽑아서 공여자(남편) 몸에 넣어서 교차반응

검사를 계속해서 적정 수치가 나와야 수술을 진행할 수 있다 고 한다. 초조한 날들이 계속되었고 수술하는 당일까지 마음을 졸였다. 다행히 우리는 이식수술을 진행할 수치가 나왔다며 나에게 병원에 들어오라는 연락이 왔다. 수술 두려움보다 나 좀 쉬러 간다는 마음으로 수술대에 올랐다. 우리 딸은 부모님이 동시에 수술방에 들어가는 모습을 보고 정말 많이 울었다고 한다. 얼마나 기가 막히는 현실이 였을까? 수술실 대기실에 모인 가족들은 수술이 끝날 때까지 초조하게 기다렸을 것이다. 모두의 기도 덕분에 우리는 수술을 성공적으로 되었고 빠르게 회복되어갔다. 소변도 잘나오고 밥도 잘먹었다. 문제는 내 몸의 회복이 늦어져서 부모님을 걱정하게 만들고 말았다.

"기증자가 못 일어나면 어쩌냐! 왜 밥을 못 먹느냐!" 계속 전화를 한다. 엄마가 화나고 속상했다는 걸 알 수 있었다. 하나밖에 없는 딸이 이렇게 애태우는 자식이 되고 말았다. "엄마 미안해" 그날은 부모님 생각만 했다. 보고 싶었다. 아픈자식 생각에 밤낮으로 걱정했을 부모님 생각에 가슴이 아팠다. 미안한 마음에 계속 눈물이 났다. 우리는 2주 만에 퇴원, 살아서 집으로 돌아왔다.

매일 매일이 감사하고 축복 같은 하루였다. 평범한 일상이 얼마나 소중한지를 알았다. 다시 살아있음에 감사하며 하루하루 몸회복하는데 집중했다. 수술후 입맛을 잃었던 나를 위해 맛집을 검색하며 여행을 다녔다.

부산 곰장어, 포항 물회, 군위한우, 셀 수없이 다녀도 시원하게 먹는 메론이 최고였다. 그때 메론이 나를 살렸다. 시원한 메론만 먹어도 살 수있을 것 같았다. 수술후 배고픔을 느끼지 못해 내 장기가 긴장을 한 건지 느낌이 없었다. 기분탓 일 수도 있다.

그래도 내 신장 하나가 남편의 몸속에 있다는 게 신기했다.

장기이식이 또 한 사람을 살릴 수 있다는 생각에 눈물이 났다. 감사했다. 나는 이 시련을 겪고 나서 한번 살다 가는 인생, 후회는 하지 말자, 남은 인생 가족들과 행복하게 살다 가야겠다. 더 많이 사랑을 주어야겠다. 가족들이 있었기에 힘든 이식 수술을 마치고 나는 다시 일상으로 돌아갔다. 그럼에도 불구하고 나는 다시 살아간다. 삶은 계속되어야 하니까.

나를 일으켜 세운 명상에서 살아갈 힘을 얻다.

이채원

나에게 명상이란 삶을 일으켜 세워준 제일 좋은 공부였다는 것을 살아가면서 몸소 느꼈다. 일주일만 "명상을 가보면 어떻겠느냐?"는 진심 어린 지인의 권유에 처음에는 들리지 않았다. 혼자 일어서려고 하니 몸과 마음이 삶에 지칠대로 지쳐 내 의지대로 살아지지 않았다. 친구의 도움이 있었지만 소용없었고 나의 자존심 또한 허락하지도 않았다. 일을 할 수 없으니 혼자 살아가기 위해 스스로 명상을 찾게 되었다.

10대 무렵 외할머니와 엄마가 같이 살 때 대화중 서로 의견이 달라 힘들었다. 눈치를 보면서 상황판단을 하며 두 분의 마음에 들도록 하려고 애를 쓰면서 살았다. 그 이후로도 나의 독립적인 삶은 아니었다.

부산 큰댁에서 생활하던 시기도 있었다. 할머니, 큰엄마, 올케

사이에서 나의 의견도 말을 할 수도 없었고 그저 눈치만 보고 비위를 맞출 수 밖에 없는 생활이었다.

학창 시절 아버지께 말대꾸를 하고 뺨을 친구와 한번 맞은 적이 있었다. 바른소리를 하다가 감히 어른말에 대꾸를 한다고 화가 나신 모양이었다. 말도 못하고 친구에게도 미안했고 속상했지만참았다 그 장면이 떠오르면서 학교 발표시간에도 말을 하고 싶었지만 입안에 맴돌뿐 손을 들지 못했다. 살아온 환경이 아버지께서 만든 엄격하신 틀속에서 대학 갈때에도 부산 큰댁에서 학교를 다녔다. 감정을 억누르고 살아서 표현을 잘 하지 못하였다. 아버지께서 공부를 하면 대학교는 보내준다고 했지만 큰댁과 학교를 정해놓고 다니기도 싫은 학교를 가게 되었다. 시험을 잘 치르지 못해 아버지가 원하는 학교는 갈수가 없었고 원서도 쓰지 않았다. 부산에 취업을 하려고 가 있었는데 그 당시에는 상업계를 나온 친구들도 취업이 잘 안되는 시기였다. 다행히 작은아버지의 도움으로 여자도 공부를 해야 한다며 원서접수가 끝난 뒤였지만 추가로 대학교에 갈수 있었다. 그러나 입학은 했지만 학교가 마음에 들지 않아 다니기 싫어 한동안 방황을 했었다. 다니기 싫어 집에 가서 말하려고 했는데 못하고 돌아왔다.

한때 연애소설에 빠져 그 소설의 주인공이 된듯했다. 결혼은 그런 사랑을 하는 사람과 꼭 할거라고 꿈을 꾸었다. 남자를 큰댁 오빠친구의 소개로 만났다. 첫 만남부터 나하고는 맞지않는 사람이었다. 몇 달 후에 다시 한번 만나 보지 않겠냐고 물었다. "별사람 있겠나" 생각하면서 학벌과 직장을 보고 결정하였다. 몇 번의 만남으로 잘 파악하지도 못한 채 한 결혼이었다. 예식날을 잡아 놓은 후 한달 정도 앞당겨서 일사천리로 진행되었다. 일주일 살아보니 내 예감이 맞았다. 도저히 이런 생활을 할수 없을 것 같아 부모님께 상황을 말하려고 했지만 용기가 나질 않았다. 늦은 결혼으로 부모님과 큰댁 식구들을 마음쓰이게 했기 때문이다. 나는 너무 힘들었지만 나를 생각하는 어른들에게 배려라고 생각했다. 아이 낳고 살면 괜찮겠지 하고 체념한 듯 참았다. 나이만 먹었지 철도 없었고 지혜롭지도 못했다. 살면서도 나의 의견을 말하지 못하고 대화를 시도하면 언제나 삐걱거렸다. 나 혼자 속앓이를 하면서 누구한테도 말하지 않았다. 마음속에 담아 두고 살다보니 화병까지 생겼다. 남들 앞에서도 말하는게 두려워서 면접에서 머리가 하얗게 된 적도 있다. 결혼 생활은 사람도 싫었지만 사랑, 경제력 모든 것이 충족되지 않았으며 나의 자존심도 무너져 갔다. 어떻게든 살아가려고 친구한데 아이를 맡기고 일을 하였지만 나아지지 않았다. 감옥같은 삶의 연속이었다. 나혼자 북치고 장구 치고 몸과 마음이 만신창이가 되었다. 제일 가슴 아팠던 것은 병원비가 없어 가지 못할 때 예물시계를 전당포에 맡겼던 적도 있다. 특히, 아이가 다쳐 전국에 있는 좋다는 병원과, 약국, 한의원을 다닐 때는 아이 생각만으로 나의 힘듦은 몰랐다. 혼자서 모든 것을 감당하면서 의욕을 잃고 지쳐갔다. 나의 문제는 잘못된 만남을 수락해서 아이들에게 부모를 잘못 만나 고생하게 만든 미안함과 죄스러움이 크다.

　나를 돌아보니 나의 고정관념도 만만치 않았다. 상대방의 입장을 이해 할려고 생각해보니 그럴수도 있겠구나! "너도 옳다"라고 수용을 하게 된다. 인간은 개인의 인격체로 모두가 다르며 존중해야 한다는 것도 느꼈다. 가족에 대한 집착을 버릴때는 힘들었지만 벗어나니 "아이들을 어떻게 해야하나?"의 갈등도 사라졌다. 그리고 혼자만 지고 있던 복잡한 생각과 무거운 짐을 내려놓을수 있었다. 명상을 하면서 시간이 많이 걸렸지만 몸과 마음이 편안해지고 날아갈 듯이 가벼워졌다. 세상이 다르게 보이면서 타인의 얼굴도 예전같지 않게 예쁜 모습으로 다가왔다. 홀로서기 준비하면서 차곡차곡 쌓아 나갔다. 새로운 나로 태어난 35살의 나처럼 맑고 밝은 봄같은 마음으로 살아갔다. 그전의 나의 삶은 소심하고 주체적이지 못했다. 그러나 지금은 남의 눈치도 볼 필요없이 나의 의견도 제시하고 지내니 열등감도 사라지고 당당해졌다. 소신껏 일하면서 즐겁게 세상을 살아갔다. 두 번 다시 결혼을 하지 않을거라고 다짐했다. 그러면서도 한편으로는 내가 완전한 홀로서기가 되면 결혼생활도 누려보고 싶다는 속마음도 가졌다. 다행히 좋은 사람을 소개로 만나 결혼하였다. 이제는 함께 살면서 감정 표현도 하고 대화를 할려고 노력한다. 너무 솔직하게 말하다 보니 한편으로는 상대방이 불편함을 느낄때도 있다. 그렇지만 상처를 받지 않을까 하는 생각이 들 때도 있지만 알아차리고 조금씩 개선해 나가고 있다. 소통 공감능력을 향상시키기 위해 꾸준히 노력하니 차츰 좋아지고 있다. 지혜가 생기고 삶이 풍요로워졌다.

"명상을 알지 못했더라면 어떻게 되었을까?" 나에게 명상이란 매일 먹는 밥과 같다. 한 번씩 인생의 허무함이 느껴질 때 삶의 의미를 잃어가고 존재 가치가 희미해질 때마다 나의 옆에는 명상이 항상 있었다. 진짜 나를 찾기 위해서도 앞으로 필요하다. 그리고 주위 마음아픈 이웃들도 도와주고 싶다. 마음의 중심을 잡고 흔들림 없는 어른다운 어른으로 살아가려고 한다. 명상 전문가로서 자질을 키워가며 나의 부족한 부분들을 채워가야겠다.

제 4 장

나는 진짜
누구로
살고 싶은 것일까?

01

내 맘속에 자리 잡은 두 가지 인성 중에 선택한다.

김원배

두 아들을 승용차에 태우고 영동대교를 넘어서 동서울 터미널에 도착했다. 첫째 아들이 휴가 나왔다가 부대 복귀하는 날이다. 주차장에 승용차를 세워두고 터미널로 들어갔다. 고성행 버스표를 구매하고 승강장에서 기다리면서 남자 셋이서 웃고 떠드는 시간을 보냈다. 둘째 아들이 핸드폰을 보더니 기쁨의 소리를 지른다.

"아빠, 형 나 대학교 합격했대."

"정말, 와우 잘됐다. 축하해 고생했어"

우리 셋은 얼싸안고 버스터미널에서 합격을 축하했다. 2017년 둘째 아들은 G대학교 토목학과에 합격하면서 고등학교 3년간의 여정에 마침표를 찍었다.

1992년 4월에 결혼을 하고 2017년 6월까지 9번을 이사했다. 두 아이들이 중고등학교 진학 할 때는 청담동으로 이사를 해서 공부를 시켰다.

"아이들 공교육이 끝나면 좀 편해지려나"

아내와 마주 앉아 자주 하던 말이다. 해외여행도 공교육이 끝날 때 까지는 생각하지도 않았다. 첫째는 군 복무중이고 작은 아들도 대학교에 합격하면서 아내와 둘이서 싱가포르 여행을 처음으로 편안하게 다녀왔다. 2017년 6월 약수동으로 43평 아파트로 9번째 이사를 하면서 정착하기로 했다. 방이 네 개다 보니 내 서재가 생겼고 이 공간에서 나만의 상상의 날개를 펼칠 수 있었다.

결혼하고 25년 동안 아내와 나는 가족만을 위한 삶을 살았다. 하고 싶고 먹고 싶은 것 줄이면서 아이들이 해달라는 것은 모든지 해 볼 수 있는 기회를 주며 살아왔다. 권투를 배우고 싶다면 학원을 등록해 줬고, 책을 읽고 싶다면 무한정 책을 구매 해줬다. 지역사회에서 실시하는 캠프 활동에 적극적으로 참여시켰다. 내성적이고 소극적이었던 아빠와는 다르게 두 아들을 키웠다. 지금은 나와 완전히 다른 성향으로 길을 찾아가고 있다.

두 아들이 성인이 되면서 스스로 갈길을 가기 시작했고 나도 나의 길을 찾기 시작했다. 가정과 아이들의 교육만을 위해 생각했던 내가 작은 아들 대학교에 합격하면서 '나는 뭘 좋아하고 하고 싶은 것은 뭘까?', '지금까지 나는 누구로 살아왔을까?'라는 생각을 하기 시작했다.

내가 할 수 있는 일은 무엇일까? 이런 질문들이 다른 시각으로 세상을 바라 보게 만들었다. 주말마다 아이들 태워서 학원 데려다 주기도 하고, 밥은 잘 먹고 다니는지 항상 챙기는 것이 일상이었다. 두 아이들이 수능고사 보는 날이면 봉은사에서 시험시간표대로 법구경을 읽으면서 시험 잘 볼 수 있도록 힘을 달라고 종일 기도를 하기도 했다.

이제는 그럴 필요가 없게 됐다. 나를 위한 여정이 시작된 것이다. 나를 불러주는 곳이면 어디든지 달려갔고, 배워야 할 것들이 있으면 무조건 배우려고 했다. 어떤 때는 너무 무리해서 일과 중 졸기도 했지만 그런대로 적응해나가면서 나를 독려했다.

시간적인 여유가 생기면서 가장 먼저 시작한 것은 독서와 글쓰기였다. 어머님이 직장생활 시작할 때 아내에게 힘들어도 남편 잘 다닐 수 있도록 다독여줘라고 부탁하셨듯이 나는 뭔가 꾸준하게 하는 것도 할 줄 아는 것도 없었다. 2020년 코로나 확산으로 오프라인 독서모임은 하지 못하고 온라인 독서모임을 찾아봤다. 하하샘이 운영하는 독서모임을 만나면서 나는 다시 한 단계 업그레이드 되는 기분이 들었다. 일주일에 책 한 권을 읽고 토요일 새벽 6시에 줌으로 만나서 책읽은 것을 서로 토의하는 시간을 갖는다. 온라인 프로그램에 처음으로 참여하면서 책 읽는 것이 재미있어졌고 일주일에 한 권을 완독할 수 있는 힘도 생겼다. 초창기 이 독서모임 맴버들과는 지금도 소식을 주고 받으며 서로를 응원해주고 있다. 온라인 독서 모임이 없었다면 약수동에서 지인들과

만 책을 읽고 토의하는 방법밖에 없었을 것이다. 온라인 모임에 참여하면서 나의 관계 영역은 확장되고 전국 어디에서나 책으로 만나는 사람들이 늘어나기 시작했고 1년에 100권을 넘는 책을 읽게 됐다.

요즘은 매일 새벽에 일어나면 대학노트 한 장에 만년필로 깔끔하게 글을 쓰고 있다. 대부분 노트북으로 작업하지만 이 시간만큼은 만년필로 직접 한 페이지를 작성한다. 일어나서 느낌이나 생각들을 정리하다보면 글을 쓰는 능력도 향상되는 것 같다.

독서와 글쓰기에 집중하면서 2023년 부터는 온라인으로 4주글쓰기습관 챌린지는 직접운영하면서 참가자들이 쓴 글을 피드백해주고 있다. 하고 싶은 일들이 하나씩 증가하면서 새벽시간이 짜임새있게 구성되어 돌아간다.

나 자신을 깊이있게 들여다 보면서 이중적인 성향을 가지고 있다는 것을 깨닫게 됐다. 마음 한 쪽에서는 하고 싶지 않는 마음, 다른 한 쪽에서는 그래도 도전 해보라고 격려하는 마음이다. 퇴근 후 충무스포츠센터에서 골프 연습을 80분 정도 하고 집으로 오는 길에는 많은 식당들이 있다. 항상 식당안은 사람들로 가득하고 즐겁게 먹고 마시는 모습을 본다. 나도 한 잔 할까? 라는 생각이 들지만 이내 마음을 달리 먹는다. 언제부턴가 할 일들이 많아지면서 하루 동안 나름대로 계획적으로 살아가고 있다.

마음 한 쪽에서 일어나는 하고 싶지 않은 마음을 다독이기 위해서 시간관리를 철저히 하는 편이다. 편안함에 젖다 보면 시간 가는줄 모른다. 그 편안함이 나를 불안하게 만들기 때문에 두 번째 마음이 불쑥 튀어 나온다. '할 일 없이 앉아만 있지말고 책이라도 읽지'라는 소리가 뇌 속에서 들리면 나는 자리를 털고 일어나서 책 한권을 꺼내서 읽기라도 한다. 독서를 하면서 나도 뭔가 잘 할 수 있는 일이 있을 것이라는 기대감을 갖기 시작했다. 항상 도전하라는 마음을 따라 움직였다.

인간은 누구나 각자 할 일을 갖고 태어난다. 그 일을 누구는 잘 찾아서 가기도 하고 어떤 사람은 자신의 본질을 파악하지 못하고 헤메이기도 한다. 80억명의 지구인들 중에 자신의 본질을 파악하는 사람은 몇 명이나 될까? 오십이 넘으면서 나를 찾으려고 부단이 노력중이다. 짐케리는 "좋아하지 않는 일을 하면서도 얼마든지 실패할 수 있으니, 이왕이면 사랑하는 일에 도전 하는게 낫다"라고 말한다. 사랑하는 일을 찾는 것이 쉽지는 않을 것이다. 당장에 먹을 걱정을 해야 하고 잠을 잘 집을 걱정하는 것이 현실이기 때문이다.

2022년 일본 도쿄 올림픽 탁구 경기에서 신유빈 선수는 중국 출신 벨기에 국적 베넷과 경기를 했다. 처음에는 끌려가던 경기를 뒤집고 신유빈 선수가 4대3으로 이겼다. 베넷은 인터뷰에서 신유빈 선수에게 "오늘의 나는 내일보다 젊다. 계속 도전하라, 즐기면서 하는 것도 잊지 말고"라며 승자를 축하하면서 아주 좋은 덕담도 해줬다.

오늘의 승리에 안주 하기 보다는 끊임없는 도전이 이중적인 것에 대해 올바르게 판단할 수 있는 태도를 갖추게 하는 것이다. 퇴근하면 심심해서 술과 친구로 지냈던 지난 세월들을 청산하고 책과 친구가 되면서 제2의 인생을 아주 보람있게 살고 있는 나는 가장 중요한 것은 오늘 하루 삶에 대한 태도가 중요하다는 것을 말하고 싶다. 오십 중반 흰머리가 수북히 쌓이면서 내가 살고 싶은 대로 하고 싶은 일을 살아가고 있다.

사람이 세상을 떠날 쯤 가장 후회하는 것이 자신에게 미안한 마음이 든다는 것이다. 먹고 살기 위해 돈을 벌고 술과 담배를 피면서 즐겼던 삶들을 되돌아 보면서 자기 자신에게는 여유를 가지고 보듬어 준 것이 없다는 것이 가장 후회된다고 한다. 나는 누구 때문에 살고 있는가? 사랑하는 가족들도 있지만 내 자신의 행복을 위해 살고 있는 것이다. 세상을 넓게 바라보자. 좁은 시야로 세상을 바라보면 해야 할 일들을 찾지 못하게 된다. 나에게 여유로운 시간을 주자. 내가 건강하고 행복해야 주변 사람들을 챙길 수 있고 가족들이 행복할 것이다.

02

버킷리스트를 하나씩 지우고 더하는 나

나건세

　내 다이어리의 맨 앞에는 '나와의 약속'이 적힌 버킷리스트가 보인다. 현재까지 32개가 적혀있고 그중 10.5개의 약속을 지켰고 지키고 있는 중이다. 첫 시작은 무려 7년 전으로 거슬러 올라가게 된다. 30대 후반 '누구로 살고 싶은지? 어떤 삶을 살고 싶은지? 앞으로 하고 싶은 게 무엇인지?'에 대해서 고민하며 목록을 작성한 적이 있었다. 40세가 되기 전에 전반적인 내 인생을 점검하며 내 나름으로 인생 리모델링을 하고 싶어서였다. 가장 큰 건 결혼과 관련된 것들이었다. 그렇게 빨리하고 싶지도 않았지만 이 나이다 될 때까지 결혼을 안하고 있을 줄은 사실 나도 전혀 예상하지 못한 일 중에 하나였고 앞으로 결혼을 한다 해도 늦은 나이이기에 굳이 종신보험이 필요하지 않다고 생각이 들어 없애기로 하였다. 이것뿐만이 아니라 앞으로 꼭 필요하다고 생각되는 것들만 남겨놓고 싹 정리를 하였다. 미래를 위한 준비에는 내 꿈과 목표도 포함이 되어있었다. 사실 처음에는 5개가 시작이었고 그 뒤로 생각날 때마다 하나씩 더하기를 하였다. 하고 싶은 것은 많아 버킷리스트의 목록은 늘어만 가는데 1개를 제대로 실천하기가 어려울 때가 많았다.

더 솔직히 말하자면 분명 의미 있는 것들을 적어 놓았음에도 눈에 띄는 곳에 있지 않으면 잊어버리고 살거나 어쩌다 발견하더라도 '아.. 맞다.. 내 버킷리스트.. 잊고 있었네..'. 하면서 다시 마음을 추스려 시작해 보려 하지만 정말 굳은 의지가 없으면 1년에 1개 해내기도 결코 쉽지만은 않았다. 2023년이 되면서 다이어리 커버를 투명 커버로 바꾸고 '버킷리스트'를 맨 앞장에 놓았다. 다이어리를 쓸 때마다 내가 진짜 해야 할 것을 다시금 상기시키기 위한 장치인 셈이다. 지금까지 실천을 한 목록들 중 대부분이 최근 3년 사이에 이뤄낼 결과이다. 과연 무엇을 해냈을까?

'엄마랑 맛있는 거 먹기, 엄마와 매일 웃고 행복하게 살기, 매일 최소 30분 이상 운동하고 걷기, 1일 1독서하기, 독서 후 리뷰 꼭 쓰기, 6개월 동안 최소 15Kg 감량하기, 매일 아침 5시 30분에 일어나기, 스피치 훈련하기, 업무는 꼭 필요한 게 아니라면 오후 6시 정시 퇴근하기!!, 일 년에 최소 100권 이상 독서하기, 책 출판하기'이다. 이 중 '책 출판하기'는 2024년을 목표로 현재 '나컨세 글쓰기연구반'에 함께하시는 분들과 피 터지게 퇴고를 진행 중인 바로 이 책이다. 정말 물어보고 싶다. "책 잘 나왔나요?"

'매일 아침 5시 30분에 일어나기'는 현재 새벽 3시 30분으로 많이 당겨져 있다. 하루의 시간 중 그 누구에게도 덜 방해받는 시간이 새벽이라 이 시간을 잘 활용하고 있는 중이다. 참고로 아침 5시에는 '필사'을 진행하고 있다. 나머지 리스트들이 소소하다고 생각될 수도 있지만 본래 가장 실천하기 어려운 것이 일상에서 이뤄내는 것이 아닐까. 매일 꾸준하게 나를 성장시키며 행복하게 해주는 것들을 지속적으로 습관화하는 중이다.

난 책을 정말 사랑한다. 새 책이든 헌 책이든 책이 가지고 있는 매력이 너무나 다양하기 때문이다. 지금도 도서관이든 책방이든 책을 보러 갈 때면 설레고 행복 바이러스가 나를 휘이 감고 있는 듯하다. 물론 그렇다고 책을 아주 많이 읽는 것은 아니다. 그냥 책이 좋다. 우리가 누군가를 진짜 좋아할 때 조건 없이 바라보는 것처럼 책이 나에게는 그런 대상 중 하나이다. 어렸을 적 나에게는 백설 공주와 일곱 난쟁이, 엄지 공주 2권의 동화책이 있었다. 형편이 그리 넉넉하지 않다는 것을 알았던 건지 더 많은 책을 보고 싶었지만 사달라고 떼쓴 기억은 없다. 물론 나의 기억 조작일 수도 있다. 그 책이 너무나 소중해 정말이지 너덜너덜해질 때까지 책 속의 그림과 글자들을 하나씩 계속 보고 읽었던 기억이 난다. 꽃 속에 들어가 있는 이쁜 공주, 독사과를 들고 있는 백설 공주의 모습이 흐릿한 기억 너머로 살짝 새어 나온다.

서울로 전학을 오고 중학생이 되었을 때 처음으로 동네 도서관을 갔었다. 태어나 그렇게 많은 책을 본건 처음이었다. 돈을 내지 않고 책을 볼 수 있다는 게 너무나 신기했었다. 공부에 아주 많은 관심을 둔 학생은 아니었지만 주말마다 도서관을 가는 게 너무나 행복했었다. 고등학생이 되고 나서 방학 때 처음으로 친구들과 시내에 있는 큰 책방을 가보게 되었다. 처음 들어서자마자 책방이 주는 분위기에 매료가 되었고 사람들이 자유롭게 책을 가지고 여러 곳에 앉아서 보기도 하고 서서 읽기도 하는 모습들, 새 책이 주는 냄새 등 모든 것들이 너무나 설레는 공간이었다. 딱 한 가지 부족한 게 있었다면 학생 시절이라 책을 쉽게 구매할 수 없다는 것이다. 그럼에도 방법은 언제나 존재하는 법!! 책방이 문을 여는 시간을 맞춰 입장해, 보고 싶은 책을 5권씩 골라 아주 구석진 곳에 편하게 앉아 저녁이 되기 전까지 책을 읽곤 했었다. 차비도 그리 넉넉하지 않아서 격주 주말마다 방문을 하였고 앉는 장소가 거의 일정해서인지 어느 정도 시간이 지난 후에는 그곳에서 일하시는 언니와 살짝 친해지기도 했었다. 지금도 기분이 우울하거나 머리를 식히고 싶을 때 책방을 자주 가곤 한다. 몇 년 사이 아기자기하고 독특한 동네 책방들도 많이 생겨 가고 싶은 곳들이 점점 늘어나고 있는 중이다.

　콘텐츠 크리에이터로 활동도 하고 있기에 다양한 분야에 관심을 가지려고 노력을 하고 있다. 그중 단연 책이 가성비 대비 많은 것을 배울 수 있는 훌륭한 도구라 생각한다. 나도 배우는 것을 좋아하는 사람인지라 좋은 내용의 강연이나 강의가 있으면 조금 비싸다고 생각되어도 들어보는 편이다. 그런데 어떨 때는 막상 비싼 수업료에 선뜻 결제하기가 망설여질 때가 있다. 그때 그 분야의 책을 먼저 여러 권 읽어보는 것을 추천한다. 기본을 이해한 다음에 수업의 커리큘럼을 다시 한번 확인해보면 그 강의가 나에게 도움이 될지 안될지를 조금이라도 판단을 할 수 있기 때문이다. 그리고 나서 결제를 해도 늦지 않는다. 만약 책에서 찾을 수 없는 것이라면 인터넷 검색을 무진장해가며 정보를 얻어낸 후 제대로 한번 배우고 싶다는 생각이 들면 돈을 지불하고 공부를 시작한다. 일단 먼저 경험해 보고 정리해가며 내 것으로 만드는 방법을 찾아가는 것이다. 그래야 진짜 나만의 콘텐츠가 되기 때문이다.

책을 쓰면서 또 하나의 버킷리스트가 더해졌다. '1인 출판사'를 설립하는 것이다. 우리들의 이야기를 쓰는 지금 이 시간이 힘은 들지만 곧 책으로 나온다는 생각만으로도 이렇게 행복하고 설레는 기분이 드는데 '내 출판사의 이름을 건 책들이 이 세상에 나온다면 얼마나 더 기쁠까' 그 상상만으로도 행복호르몬인 도파민이 마구마구 샘솟는 게 느껴진다. 하지만 머릿속으로만 상상하는 것은 아무런 도움이 되지 않는다. 상상한 것들을 하나씩 끄집어 내어 현실화 시키면서 여러 문제와 부딪히며 해결해 나가는 과정 속에서 진짜 내 것으로 만들어 낼 수가 있다. 20년 가까이 개발자

함께 한 시간속에서 나의 꿈이 시작되었다

로만 살아온 제1의 인생에서 온라인이 기본 바탕이 된 제2의 인생을 시작했던 2022년 4월의 그 첫 〈나컨세힐링캠프〉때 처럼 말이다. '나를 위한 질문 1가지'의 주제로 나라는 존재를 제대로 들여다보는 시간을 함께하는 프로그램이었다. 너무나 감사하게도 지금까지 그 소중한 인연이 계속되고 있다.

현재까지 적은 버킷리스트 중 가장 마지막이 되지 않을까 싶은 예측 가능한 내용도 있다. '좋은 배우자 만나서 결혼하기'이다. 결혼에 큰 관심은 없지만 작년에 처음으로 엄마가 나에게 건넨 한마디가 계속 머릿속에 자리를 잡고 있다. "딸, 엄마가 계속 이렇게 아프면 너랑 더는 오래 못 있을 수도 있잖아. 정말 결혼 생각은 없는 거니? 엄마는 신경 쓰지 말고 좋은 사람 있으면 결혼하는 것도 생각해 봤으면 해." TV를 보다 난데없이 훅 들어온 엄마의 이야기에 그때 나는 선뜻 대답을 하지는 못하고 얼버무렸다. 사실 요즘 들어 '어쩌면.. 가능하지 않을까…'하는 생각이 조금씩 피어나고 있는 중이다. 그 안에는 엄마와 함께할 수 있는 시간이 생각한 것보다 많지 않을 수도 있기에 엄마가 조금이라도 덜 걱정하시게 내가 할 수 있는 최선이 무엇인지를 계속 고민하는 중이다. 조금은 빨리 실천해 볼 수 있기를 '내안의 또 다른 나'에게 기대해 본다.

김수현 작가님의 '나는 나로 살기로 했다' 책에서 '인생의 여백과 바보 비용을 둘 것'이란 내용이 있다. 바보 비용은 우리가 인생을 살아가면서 하는 실수, 자책, 후회라고 한다. 어느 누구도 계획에 딱 들어맞는 인생을 살지는 못하기에 바보 비용을 쓸 수 있는 여백을 두고 조금씩 그 오차를 줄여나가는 것이 인생이라는 이야기이다.

내 인생을 산다는 건 어떤 의미일까? 나는 진짜 누구로 살아가고 싶은 것일까? 그 답을 나는 나에게 던지는 수많은 질문과 이야기로 '나와의 약속 버킷리스트'를 더하고 빼며 나컨세만의 인생의 여백과 바보 비용을 두고 살아가고 있는 중이다.

만약 이와 비슷한 생각과 고민을 하시는 분들이 계신다면 지금 당장 종이 한 장과 펜을 준비하셔서 '나는 무엇을 진짜로 하고 싶은지? 어떤 것을 하면 찐 행복을 조금이라도 더 느낄 수 있을지?'에 대해서 여러분만의 '나와의 약속 버킷리스트'를 적어 보았으면 한다. 그리고 가장 당신의 시야에서 가까운 곳에 그 목록을 붙여 놓고 지금 당장 1개라도 시작해 보시기를 간절히 전해본다.

함께 한 시간속에서 나의 꿈이 시작되었다

03

7개의 공을 가지고 저글링을 해요

하랑

주어진 역할이 많아서 버겁다고 느낀 적이 있나요?

회사 워크숍에서 7개의 공을 가지고 저글링 하는 사람으로 나를 표현한 적이 있다. 뇌졸중으로 쓰러진 아버지의 딸로서, 부인, 엄마, 며느리, 직장인, 친구, 나 자신으로서 7개 이상의 배역을 동시에 맡고 있다.

한 달에 친정아버지 병원비로 100만 원이 넘게 나간다. 2016년 9월에 쓰러지신 후 지금까지 병원에 계신다. 재활치료도 열심히 하셨고 약도 꾸준히 드셨지만 차도는 별로 없고, 재활 운동 시간을 제외하면 누워만 계시기에 근력도 많이 약해져 있다. 딸로서 경제적인 부분을 챙기고 있는데, 간병까지 해야 했다면 정신적으로 육체적으로 정말로 힘들었을 것 같다. 간병 관련해서는 다른 가족이 맡고 있기에 그나마 직장생활이라도 할 수 있어서 다행이라고 생각한다.

맞벌이 부부다. 남편은 말수가 적고 심성이 착하지만 자기 몫을 못 챙기는 사람이라 가끔 속이 터질 때가 있다. 예전에는 남편에게 화도 내고 말로 상처도 줘 봤지만 지금은 있는 그대로 남편을 받아들인다. 사람이 쉽게 바뀌지도 않고 나 역시 부족하고 못난 점이 많으니깐 말이다.

자녀로는 중학생 아들과 초등학생 딸이 있다. 자녀를 잘 키우고 싶은 마음은 굴뚝인데 어떻게 해야 잘 키우는 것인지 가끔 헷갈린다. 아이들의 마음을 읽어주며 시간을 함께 보내고, 무슨 일이 있으면 함께 고민하며 소통하는 그런 부모가 되고 싶은데, 회사 일로 인해서 자녀들과 충분히 시간을 보내지 못해 마음이 좀 묵직하다. 공감하고 대화하고 소통하기 보다는 "숙제했니?"를 입버릇처럼 물어본다. 유대인 엄마들처럼 "오늘은 학교에서 어떤 질문을 했니?" "오늘 하루 어땠어?"라고 물어야 하는데 머리로는 알아도 입에서 나오는 말은 늘 '숙제했니?'이다.

그나마 잘하고 있다고 자부하는 것은 가족여행이다. 시댁 식구와 함께 떠난 베트남 푸꾸옥 여행, 우리 가족 4명만 오붓하게 다녀온 태국 방콕 여행, 강화도 글램핑, 안면도 졸업여행이 2023년의 가족여행으로 기억에 남는다. 여행이 주는 기쁨과 장소의 변화가 주는 묘한 설레임이 좋고, 집이 아닌 곳에서 먹고 자면서 나누는 대화는 그 주제부터가 다르다.

회사에서는 조직장이다. 산하에 직원이 수십 명이 있어 챙겨야 할 업무도 많으며 KPI관리, 조직관리, 리스크관리, 소통, 동기부여, 성과평가 등에 할애하는 시간이 많다. 20대부터 50대까지 다양한 연령대의 팀원이 있지만 나이 많은 직원들이 조직 내에서 잘 융화되도록 특히 더 신경 써야 한다. 한 방향으로 메시지가 잘 전달되도록 상당한 시간과 공을 들여야 한다. 조직장 역할을 잘하려면 생각과 에너지 할애가 많을 수밖에 없다.

향후 영업 부문 부서장으로 자리를 옮길 수도 있어서 네트워크 관리에도 신경 쓰고 있다. 네트워킹에는 골프가 정말 효과적이다. 취미가 골프이고 안정적으로 80대의 스코어가 나오기 때문에 동반자들이 나와 라운딩하는 것을 재밌어한다. 타당 천 원짜리 내기도 하는데 내기를 해서 돈을 잃은 적이 거의 없다. 마지막 18홀에 가서는 땄던 돈을 다시 돌려 주기 때문에 골프의 끝은 항상 훈훈하다.

골프장은 사시사철 매력이 있는데 봄에는 꽃구경하고 가을에는 단풍 구경을 실컷 한다. 라운딩 전에 먹는 해장국, 전반 종료

후 그늘집에서 마시는 막걸리 한 잔, 라운딩 마치고 골프장 근처에서 먹는 식사가 또 다른 즐거움이다. 라운딩을 한 번만 해도 7~8시간을 함께 보내기 때문에 서로에 대해서 잘 알게 된다. 누군가와 친해지고 싶다면 골프 여행을 함께 가는 것도 좋다. 2023년에는 고창, 여수, 일본 후쿠오카로 골프 여행을 다녀왔다.

나는 나 자신으로도 산다.

골프 외에 다른 취미는 독서인데 책을 읽으면 힐링이 된다. 머리가 복잡하거나 주변 사람이 이해되지 않을 때 책을 읽는다. 나의 가치관과 비슷한 문구를 우연히 만나는 그 희열 때문에 책을 읽고 또 읽게 되는 것 같다. 매일 새벽 기상하여 필사하고 다이어리를 정리한다. 새벽 필사는 23년 3월 6일에 시작해서 지금껏 하고 있고 글쓰기도 병행하고 있다.

최재천 교수와 안희경 저널리스트가 대담한 내용을 책으로 펴낸 『최재천의 공부』에서 "독서는 일이어야만 합니다. 독서는 빡세게 하는 겁니다. 독서를 취미로 하면 눈만 나빠집니다"라는 문구를 보면서 시간 날 때 책을 읽는 게 아니라 시간을 내서 책을 읽어야 한다는 것을 또 깨우치게 되었다. 책 읽고 독후감을 쓰다 보니 결과적으로 말도 더 잘하게 되었다.

올해 1월에는 나 자신을 탐구하는 책을 많이 읽었다. 『위대한 멈춤』의 박승호와 홍승완 저자는 책에는 인생을 변화시키는 도구 9가지에 대해서 자세히 기술하였다. 독서, 글쓰기, 여행, 취미, 공간, 상징, 종교, 스승, 공동체 9가지 도구 중에서 나는 독서와 글쓰기를 통해서 삶을 전환하고 있다. "1년에 50권을 읽는 게 중요한 게 아니라, 5권을 읽더라도 가슴을 무찔러 들어온 문장이 몇 줄인 지가 중요하다. 한 줄의 명문장이 마음을 깊어지게 하며 마음이 깊어질수록 삶이 충만해진다"라는 저자의 말에 공감한다. 마음에 와닿는 문장을 만나면 밑줄을 긋고 그때 느낀 내 감정을 책에다 적어 놓기 때문에 다른 사람에게 책을 빌려줄 수가 없다. 어떤 책은 일기장 같아서 시간이 지난 후에 다시 들춰보는 재미가 있다.

구본형 변화연구소에서 다수의 저자가 공동 집필한 『나는 무엇을 잘할 수 있는가』 책에는 6개의 강점 발견법이 소개된다. 산맥 타기, DNA 발견법, 욕망요리법, 몰입경험분석, 피드백 분석, 내면 탐험 6가지 중에서 생애 분석을 통한 강점 찾기 발견법인 '산맥타기' 부분을 재미있게 읽었다. 요즘에 많이 하는 MBTI 분석이나 갤럽의 강점 진단 등도 활용해 보면 나만의 강점을 알아보는 데 도움이 된다.

책으로 지식을 채우고 나를 알아간다고 해도 우리는 쉽게 갈등에 노출되기에 멘탈 관리를 잘해야 한다. 친구의 소개로 교회에서 진행하는 11주간의 성령 수련회에 참가했었다. 매주 일요일 저녁에 목사님 말씀을 듣고 식사하고, 조별로 대화의 시간을 통해 나 자신을 돌아보니 힐링이 된다. 몸살감기로 1박 2일 수련회에 불참할 뻔했는데 약을 먹어가면서까지 투혼을 발휘하여 끝까지 완주할 수 있었다. 내 주변에 어떤 사람들이 있는지에 따라 내 평균값이 달라진다는 말이 있다. 긍정적인 사람이 주변에 많이 포진되어 있다면 나에게 매우 도움이 된다. 유쾌하고 지혜로운 엄마가 되고 싶어서 그런 선배들과 가까이 지내고 있다.

벤저민 하디가 쓴 『퓨처셀프』에는 '20년 동안 진료를 본 의사들은 그들이 의대를 갓 졸업했을 때 비해 기술이 퇴보하는 경우가 종종 생긴다는 사실을 여러 연구에서 보여준다. 이런 의사들은 습관적인 사고와 행동 방식에 갇혀 있으며, 오랜 시간 동안 자신의 진료 방식을 향상시키지 않았다'라는 내용이 나온다. 엄마가 된 지 14년이다. 14년의 경력이 있다고 말할 수 있을까? 몇 년의 경력을 몇 번 반복하여 14년이 된 것은 아닐까? 의도적인 노력을 하면서 매년 성장하여 14년이 되는 그런 선순환을 그린다면 참 좋겠다.

7개의 공을 가지고 저글링 하고 있는 나를 한때는 애처롭게 생각한 적도 있었다. 하지만 공 하나하나가 모두 소중하고 그 역할이 귀하다. 임신이 되지 않아 마음 고생했던 그때를 생각하면, 취업만 되면 밤을 새워 일을 할 것 같은 그 열정이 떠오르면, 7개의 공을 떨어뜨리지 않고 저글링을 잘하고 싶은 마음이 다시금 샘솟는다. 한 번 깨지면 끝장나는 유리공이 아니고 언제든 다시 튕겨 올라올 수 있는 고무공이니, 쫄지말고 담대하게 앞으로 나아가자.

딸로서, 부인, 엄마, 며느리, 직장인, 친구, 나 자신으로서 잘 살아가려면 심리적으로 나를 도와줄 사람들을 주변에 포진시켜 놓은 것이 가장 중요한 팁이다. 그리고 도와줄 사람 중에서 가장 중요한 사람은 바로 나 자신임을 잊지 말자.

04

평범한 동네 아줌마로 살아가기

김예서

김장의 계절이 돌아왔다. "영수형이 농사 지은 배추로 같이 김장 하자고 하던데, " 남편의 제안에, 고개를 갸웃거렸다, "얼마나 하는데?"라고 물었을 때 남편은 "배추 80포기 한다"라고 답했다. "그럼 어디서 해?" "영수형 농장", "그럼 영수형 사모도 오는거야?", 하고 물었더니 "아니 못온대" 그럼 철수형 사모는?", "그날 손주 봐줘야 한 대", "그럼 일할 여자는 나 하나뿐이야?"

"그렇게 됐네"라고 답했다." 그럼 날짜를 다시 잡아야지, 라고 말하며 "혼자서 80포기 김장을 담아?" 어이 없어 하며 거절했다. 그러나 남편은 포기하지 않고 "남자들이 절이고 다 씻어 놓을테니 당신은 쉐프처럼 와서 김장만 담으면 돼"라며 나를 설득했다.

"싫어 안할래 절임배추로 김장은 할 거야" 라며 거절을 했다.

덧붙여 남편은 한술 더 뜨는 말을 했다.

"철수 형은 이번 김장을 하려고 김치 냉장고도 주문했어"

"그러니 같이 하자"

남편이 도와주겠다며 모든 준비는 자기들이 할 것이니 나에게 속만 넣으라고 하며 달래기 시작했다. 비록 나는 절임 배추로 김장하기로 마음먹었지만, 남편의 집요한 설득에 마지 못해 알았어라고 말했다. 김장 담는 일정은 목요일 배추를 뽑아서 절여놓고 금요일 물을 빼고, 토요일에 김치 담는 것으로 정했다. 각자 준비할 목록을 적어 주었고 영수형 별장에서 김장을 담기로 했다.

배추를 절이는 당일, 배추를 뽑아 영수형과 배추를 절여 놓겠다던 남편에게 전화가 왔다.
"웅 난데 배추를 절여야 하는데 소금을 집에서 가져와야 할 것 같아 집으로 가고 있어?"
"당신 일이 끝나면 영수형 별장으로 와"라며 전화를 끊었다. 일을 마치고 배추를 절인다는 텃밭이 있는 별장으로 갔다. 남편 혼자서 배추를 절이고 있는 모습이 보였다.

"다 절인거야?
"아니 지금 절이려고"
"그럼 이 물속에 들어 있는 배추들은 뭐야?"
"웅 씻어서 소금 뿌리려고"
"뭐?" 김장 배추를 씻어서 소금 뿌려서 절인다고?"

"다 꺼내 배추를 소금물에 담갔다 꺼내서 배추 사이사이에 소금을 뿌려야지"라며 배추를 꺼내 놓고 배추를 절이기 시작했다. 물에 소금을 넣고 풀어 배추를 담갔다 덧소금을 뿌렸다. 절인 배추는 비닐봉지에 넣고 여러 뭉치로 만들어 비닐하우스로 가져다 놓았다. 물이 있는 곳과 수돗가와 비닐하우스까지의 거리가 꽤 멀어서 일을 하기에는 아주 힘든 상황이다. 배추를 다 절이고 3남자와 저녁을 먹으며 내일 배추를 씻어 놓고, 양념 준비를 해 놓을 테니 걱정하지 말라며 장담을 했다. 다음날 아침 일찍 영수형 집으로 갔더니 형님은 안 계시고 씻어야 할 배추만 나를 반기고 있었다. 배추를 씻어 소쿠리에 받쳐 놓고, 무와 파를 뽑아서 다듬고 준비하는데 시간이 많이 걸렸다. 일은 좀처럼 속도가 나질 않아서 이런 상태로는 당일 김장은 어려울 것 같았다. 다음날은 내가 중요한 일정이 있어, 김장을 오늘 반드시 끝내야 했다.

나 혼자서는 감당이 되질 않아 남편에게 "권사님에게 도움을 요청해야 할 것 같아요"

"권사님! 오늘 김장을 하는데 시간 되시면 좀 도와주세요" 권사님은 목사님과 성경공부 중인데 공부 마치면 오시겠다고 한다.

3시 정도에 권사님과 목사님이 오셔서 재료를 다듬고, 썰어 주시며

"오늘 중에는 김장을 담기가 어려울 것 같아요".

함께 한 시간속에서 나의 꿈이 시작되었다

"내일 담아야 할 것 같아요"라고 목사님이 말씀하셔서 "아~~ 제가 내일 중요한 일이 있어서 오늘 밤 늦게라도 담아야 해요"라고 대답했다.

목사님과 권사님은 빠른 속도로 재료를 준비해주시고, 목사님은 자녀들과 식사 약속이 있다 하시면서 김치를 담아주지 못하고 가신다고 말씀 하셨다.

"목사님, 고생 많으셨어요. 어서 가세요"라고 인사를 건넸다 권사님도 잠시 후에 다시 오겠다고 하며 목사님을 모시고 가셨다.

저녁은 영수 형님이 준비한 돼지고기 수육을 삶아 식탁 위에 올랐다. 위풍당당하게 자리를 차지했다. 그 맛이 너무 좋아서, 우리는 김장을 잠시 잊고 김치쌈과 웃음꽃을 피우며 먹고 또 먹었다.

권사님이 오시자 김장의 속도는 탄력을 받아 세남자는 이야기 꽃을 피우며 순식간에 김치속을 넣어 김장이 마무리가 되었다.

일요일 아침 권사님께 감사의 마음을 전하고자 전화를 걸었다.

"권사님~~몸은 괜찮으세요? 너무 고생 많이 하셨어요"라고 말했다.

권사님은 "사랑의 빚을 지셨어요!"라고 웃으며 답했다.

"네?? 아~~하하, 교회 나오란 말씀이시군요, 오늘 중요한 일정이 있어서 다음에나 찾아 뵐께요"라고 대답했다. 권사님은

"하하~~ 부담 갖지 마시고, 저희 교회에서 미용 봉사단이 오는데 오셔서 머리 하세요"라고 제안했다

그렇게 해서 미용 봉사단이 오는날, 나는 권사님과 함께 교회로 향했다.

얼마만에 교회에 오는것인가?

30년만에 교회 문을 열고 들어서니, 마치 탕자가 돌아온 것 같은 느낌이 들었다.

갑자기 눈물이 핑 돌고 코가 맹맹해졌다.

머리 숙여 묵상하는 동안, 나이 지긋한 봉사단들이 들어와 인사를 나누고, 미용 도구들을 정성스럽게 준비하는 모습이 사랑과 헌신의 마음이 느껴졌다.

미용사분들은 각자의 전문성을 살려 어르신들의 머리를 깔끔하게 다듬고, 스타일링을 해주었다. 그들의 얼굴에 새로운 활력을 불어 넣었주셨다.

사랑의 교회 미용봉사자들의 행동은 단순한 봉사의 차원을 넘어 자신들의 재능과 시간을 사회에 환원함으로써 어르신들이 변화된 모습을 바라보며, 봉사와 나눔의 진정한 의미를 생각하게 되었다.

그들의 모습을 보며 나의 재능과 시간을 어떻게 사회에 기여할수 있을지 고민하며, '나의 작은 행동 하나가 누군가에게 큰 변화

를 가져다 줄 수 있다'는 사실과 봉사는 단순히 시간을 보내는 것이 아니라, 다른 이의 삶에 긍정적인 영향을 끼칠 수 있는 기회라는 것을 깨달았다.

미용봉사자들을 통해 나 자신도 봉사활동에 참여하여 사회에 기여하고자 하는 마음을 갖게 되었다.

아리스토텔레스의 "우리는 우리가 반복적으로 하는 것이다. 그러므로 탁월함은 행위가 아니라 습관이다"이다. 나눔과 봉사, 변화를 향한 작은 도전들이 결국 우리 자신을 구성하는 중요한 부분이 되며, 탁월함에 이르는 길은 일회성의 큰 행동이 아니라 일상에서의 지속적인 작은 실천에서 비롯된다는 것을 강조한다.

05

새로운 시작 나를 찾아가는 여정

북힐공방

인생은 때로 우리에게 예상치 못한 변화의 중심에 두곤 한다. 결혼 후에는 나의 이름이 아닌 누군가의 엄마, 누군가의 아내로 존재하게 된다. 열심히 살아왔지만, 오직 나만의 시간을 갖는 것은 쉽지 않은 일이었다. 어느덧 자녀들이 성장하고 독립하게 되면서 오롯이 나를 위한 시간이 만들어졌다. 그동안 나는 가족을 중심으로 한 삶을 살아왔다. 독서를 좋아하긴 했지만 어떤 공부를 해야 할지 방향을 찾지 못했다. 유튜브에서 김미경 강사의 강의를 우연히 듣게 되었고, 새벽에 일어나면 공부할 시간을 확보할 수 있다는 말에 한번 해볼까? 하는 호기심이 발동했다. 미라클 모닝 챌린지를 하게 되었다.

새해 계획을 세우는 것은 매년 반복하는 일이었다. 항상 계획을 꾸준히 실천하지 못했다. 2022년 1월 1일 새벽에 일어나 볼까? 하는 작은 결심이 삶의 터닝 포인트가 되었다.

자신에게 "너의 꿈이 뭐야?"라는 질문을 해본 적이 있나요.? 저는 이런 질문을 한 번도 해본 적이 없이 다람쥐 쳇바퀴처럼 살고 있는 모습이었다. 엄마, 아내, 딸로서의 역할을 성실히 살았으며, 나의 꿈과 열망은 뒷전이었고 생각할 수도 없었다. 나의 삶보다는 성장한 자녀들이 적성에 맞는 직업을 찾아가게 하는 것에 더 관심을 가졌다.

아이들이 클 때는 나 자신을 생각하거나 공부해야겠다는 마음조차 가질 수가 없는 게 현실이다. 그런 시간들을 후회하거나 원망하지는 않는다. 그 경험을 통해 안정적인 마음의 여유가 생겼다. 새벽 5시 일어난다는 나와의 약속은 멀리 여행을 가거나 중요한 일 또는 몸이 아프지 않은 한은 꼭 지키기로 마음먹었는데 너무나도 어려운 일이었다. 그런데 새해 첫날 유튜브 줌 라이브를 켰을 때 많은 사람들이 일찍 일어나 공부한다는 것에 충격을 받고 나도 열심히 해야겠다는 결심을 하게 되었다. 몸은 마음처럼 쉽게 움직여주지 않았다. 일찍 일어난 탓에 지쳐서 쓰러져 잠자기 바빴다. 휴일이면 잠을 몰아서 자며 피로를 풀기도 했다. 일찍 일어나는 버릇은 몸에 습관이 되어 무섭게 변하는 경험을 했다. 반복되는 일은 몸이 적응하며 스스로 일어나는 훈련이 됐다.

환경설정을 하고 주의를 살펴보니 그동안 나는 뭐하고 살았지? 남들은 다 잠든 시간에 일어나 이렇게 열심히들 살고 있는데 머리를 세 개 얻어맞은 기분이 들었다. 첫날부터 인증을 하라고 했다. 디지털에 관심도 없이 살아온 나는 인스타그램도 할 줄 모르고 있었다. 얼떨결에 첫날부터 우왕좌왕하는데 단체 카톡 방에서 모르는 것을 가르쳐 주기 시작했다. 이게 선한 영향력이라는 것을 알게 되었다. 지금까지 학교 다닐 때 공부한 것이 전부였다. 살림하고 직장 다니며 아이들 공부 가르친다고 언제 내 공부를 했겠냐고요. 나에게는 디지털 사용방법에 컴맹이었다. 일찍은 일어났는데 무엇부터 공부해야 할지 정말 막막했다. 서재에서 책 한 권을 꺼내 읽다 보니 그래 공부를 더 하고 싶어 했었지? "그래 지금도 늦지 않았어." 남들도 저렇게 열심히 하는데 나도 한번 해보자는 용기를 불어넣어 주었다.

다른 사람들 인스타그램 피드를 보면 왜 그렇게 잘하는지 부럽다는 생각이 들었다. 얼마나 노력하면 저렇게 할 수 있을까? 질문과 의문이 들기 시작했다. 뭐라도 배워볼 요량으로 모르는 것 가르쳐 준다고 하면 무조건 배우기 시작했다. 남편이 배고프다며 일어나라고 해야 침대에서 내려왔다. 따뜻한 모닝커피를 코앞까지 대령해야 일어나는 사람이었다. 그런 내가 새벽 일찍 일어나면서 변하기 시작했다. 남편은 게으른 당신이 며칠 동안이나 실천할 수 있는지 걱정스럽게 여겼다. 얼마 하다 지치면 그만하겠지라고 크게 기대를 안 했다고 한다. 그건 당신 생각이고 내 안에 잠재되어 있던 열정이 샘솟았다. 새로운 것에 대한 두려움도 있

함께 한 시간속에서 나의 꿈이 시작되었다

었지만 배워보려는 열정을 누구도 막을 수 없을 정도로 꿈틀대기 시작했다.

'세상은 넓고 할 일은 많다'라는 말이 있듯이 변화되어 있는 세상에 나만 뒤처져 살아왔다는 생각에 하나라도 더 배우고 싶다는 마음이 들기 시작했다. 인스타그램 안에도 잘 꾸미는 방법도 얼마나 많은지 하나 배우면 또 다른 것을 배우게 되고 내가 해보는 재미도 슬슬 느끼게 되었다. 저녁 늦게까지 텔레비전을 보던 습관이 새벽 기상 이후부터 아침형 인간으로 바뀌었고 출근하기 전 아침 3시간은 너무 소중한 시간이 되었다. 부러워하면 불행의 시작이라는 말이 있듯이 남의 것을 들여다볼 것이 아니라 해야 할 것에 집중하는 편이 훨씬 현명한 방법이라는 것을 조금씩 깨우치기 시작했다. 코로나 팬데믹 때문에 오프라인보다는 온라인으로 공부할 수 있는 흐름으로 바뀌고 있었다. 공부를 시작하면서 처음 시작할 때는 잘할 수 있을까? 불안과 두려움이 가득했지만 내 안에 숨어있던 열정과 호기심이 나를 이끌어주었다. 새로운 지식과 기술을 습득하면서 자신감과 끝까지 해내려는 끈기가 있다는 것을 알게 되었다. 점점하고 싶은 것도 많아지고 배우고 싶은 것도 많아지고 있다.

새벽 기상을 시작하면서 모르는 것이 많으니 천방지축으로 따라서 배우기 바빴다. 책도 그냥 쉽고 편안한 것을 읽었다면 지금은 집중해서 읽게 되고 한 종류의 책을 읽는 것보다 다양한 종류의 책을 접하게 됐다. 읽고 생각하고 기록하는 독서법을 실천하고 있다. 계획표를 세우고 매일 하는 루틴이 하나씩 잡혀가면서 습관으로 자리 잡을 수가 있었다. 혼자서는 할 수 없던 것을 커뮤니트를 통해서 동기부여도 받게 되었다. 새벽시간은 독서와 강의를 듣고 매일 걷기 운동을 실천하게 되어 몸과 마음이 건강해지며 하루를 활기차게 보낼 수 있게 되었다.

누구나 자신이 하고자 하는 계획과 목표가 설정되면 하루 24시간 중 나만의 시간 확보를 해야 한다. 그 안에서 무엇을 할 것인지 매시간마다 뚜렷한 목표를 정하고 하나씩 실천하는 습관이 중요하다. 하루 일과를 기록하고 시간마다 체크해 보면 자투리 시간조차도 분명하게 헛되이 보내지 않는 것이 중요함을 느끼게 되었다. 나의 꿈을 위해 조금씩 성장하며 노후 준비를 잘 하면서 건강하고 재미있게 살아가는 것이 목표가 되고 있다. 꿈과 희망을 품을 수 있고 새롭게 도전하는 시간들이 나의 즐거움이며 행복한 순간들로 채워가면서, 평범한 일상이 결코 평범한 것이 아니라는 것을 깨닫게 되었다. 5년 후 퇴직한 나의 삶이 어떤 모습으로 변해있을지 상상하면서 나는 오늘도 배움을 게을리하지 않으며 잘 익어가는 노후를 보내고 싶다.

06

친근하고 따뜻한 사람

평알

결혼을 하고 남편은 다니던 직장을 그만두고 자기 사업을 시작했다. 혼자 시작이 힘들어 보였고 내가 도와주면 자리잡기가 좋지 않을까 생각해서 출근하겠다고 우겨서 나가게 되었다. 남편은 아이들이 어려서 출근은 반대했지만 일할 때는 손이 필요하니 어쩔 수없이 함께 하게 되었다.

육아와 일을 함께 하 자니 힘들고 고생스러웠지만 경제적인 성과가 나타나기 시작하면서는 힘이 났다. 사람들을 좋아했던 나는 가게에 오시는 손님들과 대화를 많이 했다. 돈 버는 일 보다는 사람들과 소통하는 게 더 재미있었고 일은 뒷전이였다. 나는 이런 사업을 할 거라고 상상도 못했고 남편의 일이 잘돼야 생활도 경제적 안정이 생기니까 열심히 도와주었다. 육아로 집에만 있어야 한다면 경제적인 면으로 걱정을 더 많이 하며 힘들게 살았을 것 같다. 다행히 직원도 늘어나고 일도 새벽까지 해야 할 만큼 많았다. 우리는 2년 만에 작은 집도 장만했다. 열심히 일 한 보람도 느껴진다.

가게에 나가면서 나는 사람들을 많이 만나게 되었다. 사람들과 소통하고 공감하는 걸 좋아했던 나는 자연스럽게 손님들과 친해졌다. 손님들과 주고받는 대화는 살아가는 삶의 이야기를 나눈다. 재미있는 사례도 많았고 지혜를 배우기도 한다. 어떤 분은 자기이야기를 하면서 감정을 푸시는 분도 계시고 고민을 애기하시는 분들도 계셨다. 사람들은 이야기하면서 스트레스가 풀리기도 한다. 경청하기를 잘했던 것 같다. 서로 마음을 열고 소통하고 공감하다 보면 신뢰가 쌓인다. 난 그분들이 마음 풀고 힐링 되어 가실 때 보람을 느꼈다.

"돈 버는 장사는 아무나 하는 게 아니다.'라는 말이 있다. 손님들이 까다롭기도 하고 불만이 생기기도 한다. 사람 상대하는 게 제일 스트레스받고 힘든 일이라고 차라리 몸으로 하는 육체노동이 편하다고 말하는 사람도 있다. 그래서 '남의 주머니 돈 빼내기 힘든 법이다'. 돈은 사람을 힘들게 할 수도 행복하게 할 수도 있다. 이렇게 손님들을 많이 만나다 보니 나는 손님들을 잘 기억하고 이야기를 잘 나누다 보니 편안해 하셨고 어색하지 않아서 좋다는 말을 들었다. 자기를 알아 봐주니 어색함이 사라지고 친근하고 편안하다고 말해 주신다.

손님들과 친하게 지내면서 가족처럼 안부를 묻고 먹을 게 있으면 나눠 먹을 정도로 잘 챙겨 주셨다. 참새가 방앗간 못 지나가듯 항상 가게를 찾아 오시는 가족같은 분들이 많아졌다. 나중에 손님들은 우리 매장을 자주 찾아 주는 단골들이 되어서 매출로 이어졌고 남들 힘들 때 우리는 그분들 덕에 가게를 이끌어 갈 수 있었다. 벌써 30년이 다 되어간다. 사람들과 인연을 소중히 생각한다.

나는 사람들과 만나 이야기를 할 때 따뜻한 미소와 친절함으로 대하고 상대의 말을 잘 경청하려고 노력한다. 항상 진심을 다했다. 따뜻한 말한마디가 위로가 되어 다시 힘을 낼 수 있도록 말을 잘 전달하는 사람이 되고 싶다. 새롭고 다양한 사람들을 만나기 위해 연결고리를 만들어간다. 새로 시작한 커뮤니티 활동도 사람들 과의 소통공간이다. 함께 책도 읽고 토론도 하면서 배우는 즐거움이 생겼다. 좋은 사람들과 연결고리를 가지고 나는 성장하고 있다. 사람을 통해 배우는 것도 많았고 세상은 혼자가 아닌 함께 할 때 더 큰 행복과 보람은 느낄 수 있다는 걸 알았다. 내가 먼저 좋은 사람이 되어 주고 도움을 줄 수 있는 사람이 된다면 어떤 삶을 살든지 함께하고 싶은 사람으로 남을 것이다. 밝은 미소, 잘 웃을 수 있는 사람, 말도 천천히 부드럽게 하며 친근감을 보여줄 수 있는 사람으로 노후를 살아가고 싶다. 내 주변에는 나눌 줄 알고 베풀 줄 아는 좋은 사람들이 많았다. 항상 그런 사람들과 연결되어지는 걸 보면 내가 원해서 끌어당겨 지는 것 같다.

인생공부도 하면서 하고 싶은 것에 도전해보고 작은 성공을 만들어가는 삶의 주인공으로 살아 갈 것이다. 의식적으로 긍정적인 생각을 하면서 살아야 한다고 한다. 힘들 때나 아플 때, 삶의 번

아웃이 왔을 때도 잠시 쉬면서 나를 돌아보고 알아주면서 다시 일어날 수 있는 회복력도 키워가자. 나만의 철학을 만들어 주도적인 시간을 만들어 가고 싶다. 인생은 누가 대신해 주는 것 없다. 오로지 본인이 선택하고 책임을 지는 것이라 생각한다. 나는 밝은 미소를 가진 사람, 언제 봐도 친근하고 따뜻한 사람으로 살아가고 싶다

함께 한 시간속에서 나의 꿈이 시작되었다

07

제2의 인생은 당당한 나로 살고 싶다.

이채원

글쓰기를 하면서 "나의 존재 가치란?" 그 당시의 상황으로 비추어 볼 때 주제에서 의미를 찾지 못했다. 명예퇴직 후에는 부족한 나를 채워가며 당당한 진짜 나로 살고 싶다는 생각을 하였다. 앞으로 강의를 하기 위해서는 온라인 줌으로 활동방에서 듣고 시연을 해보기도 한다. 우리 자녀들에게 수업을 연습하면서 피드백을 받기도 한다. 수업이 매끄럽지 못한다거나 책읽듯이 말한다고 했다. 그리고 질문을 해 올 때 답변이 잘 되지 않아 마치고 생각을 정리해서 답변 해주기도 했다. 첫 특강수업을 나가기 위해 연습을 할때다. 올해 두사람이 신규 강의를 하게 되었다. 같이 하게 된 사람은 오랫동안 보조강사를 하고 명상공부도 잘하고 있는 선생님이다.

처음하는데도 유경험자처럼 자연스럽게 시연하는 것을 보고 놀랐다. 나는 수업대본이 잘 외워지지도 않을뿐더러 어설프게 느껴졌다. 그 와중에 눈까지 아파서 안과를 다니다 보니 연습을 쉬게 되어 보조강사도 나가지 못하게 되었다. 그때의 좌절감은 이루 말할수 없었다. 잘하고 싶은데 건강도 안 따라주니 일을 제대로 할 수 없다는 마음이 속상하고 안타까웠다.

앞으로 명상 강의를 위한 준비를 철저하게 단계를 밟아 나아갈 것이다. 가치 있는 일을 함으로써 보람있고 즐겁게 살아가고 싶다. 공부하고 활동하면서 기본이 갖춰질수 있도록 꾸준하게 반복 연습한다. 온라인 줌에서 하는 강의 활동방에 참여하고 대면교육과 모임도 함께한다. 먼저 강의하고 있는 선생님들의 수업도 들으면서 정보를 주고받는다. 수업은 자연스럽게 될 때까지 반복한다. 강의보조와 방학 캠프에 생활도우미로 참여하면서 배운다. 명상강의도 열심히 듣고 보조도 하면서 공부가 어느 정도 되었을 때 강의를 나가고 싶다.

글쓰기는 나컨세글쓰기 연구반에서 제4기까지 해서 46차시를 하고 7명이 공저를 시작하고 퇴고 작업중이다. 일주일에 주제를 주면 어떻게든 마감일자를 지켰다. 매일 새벽 필사를 한시간 하고 오늘의 질문과 한줄평을 말한다. 주로, 둘째딸과 도서관이나 카페에서 공부한다. 반나절 정도는 몰입해서 책을 읽고 글쓰기를 한다. 글쓰기를 위해 장충중학교에서 스마트 파워 글쓰기 원데이 캠프에도 참여했다. 많은 사람들이 참석했는데 모두들 열정적이었다. 특히, 고정욱 작가님과 정은상 맥아더스쿨 교장선생님, 김원배 진로작가, 장은주 작가를 만날 수 있어 더욱 값진 시간이 되었다. 처음으로 "결국 무엇이든 해내는 사람"의 김상현 작가님이 장병들을 위한 북콘서트에도 갔다. 젊은 작가였는데 그곳에서의 내용은 신선한 충격으로 다가왔다. 사업을 하며 많은 일을 겪어서 나이답지 않게 푸근하고 성숙해 보이는 인상으로 다가왔다. 그리고, 김원배/장은주 작가의 "오늘도 읽는 중입니다" 김해에서 북콘서트를 했다. 그곳에는 고향 친구와 같이해서 더욱더 좋았다. 첫 번째와는 다른 진행방식을 보고 어떻게 해야하는지를 보았다. 세 번째는 행복한 글쟁이 장은주 작가의 "이토록 삶이 채워지는 순간들" 북콘서트에서도 좋은 사람들과 같이 했다. 질문에 답변하는 것을 들으니 공감이 잘 되었다. 공저 북콘서트를 상상해보기도 했다. 국어생활 연구원에서 운영하는 〈세상 향한 글쓰기〉 강의도 들었다. 그 후로도 관련되는 책을 읽으면서 유튜브를 통해 듣기를 계속한다. 글쓰기를 잘하기 위해서는 책을 읽으면서 기록을 한다. 이 글을 쓰면서도 기록이 되어 있지 않아 곤란한 부분이 많다. 표준말을 쓰는 사람들과 유대하며 만나고 싶다. 글쓰기 한 내용을 녹음해서 들어보고 반복학습을 한다.

논리적으로 말하기가 잘 되질 않아 상대방이 이해를 잘 못할 때도 있다. 말하기는 나컨세 힐링캠프에서 나를 위한 질문으로부터 시작하며 도전했다. 처음이라 망설였지만 용기를 내 좋은 사람들과 함께 했다. 온라인 줌으로 질문하는 내용의 답변은 나의 경험담을 주로 말하였다. 그곳에서 말 잘하는 사람들의 이야기를 듣고 배우기도 했다. 열혈맘의 인스타그램에서 아침 라이브 방송을 집중하며 듣고 소리내어 따라하기도 하면서 반복학습을 하고 있다. 오후에는 명상을 하면서 나를 돌아보는 시간을 갖는다. 강의를 들으면서 앞으로 나의 명상 강의를 어떻게 잘 할까를 고민한다.

건강을 위해선 운동은 필수, 많은 시간과 정성을 들이고 있다. 휴일에는 가족들과 함께하는 시간을 보낸다. 직장산악회는 인원 부족으로 작년도에 해체하면서 민간산악회로 "산 넘어 산"이라는 명칭으로 변경되었다. 산악회원은 기존의 직원, 일반인, 부부 등 다양한 사람들로 구성되어 있다. 산을 좋아하는 모임이라 정기산행 할때가 기다려진다. 산행을 다녀오면 머리가 맑아지고 건강해지는 것 같다. 안전을 생각해서 예전처럼 빠름이 아닌 천천히 걷는다. 영원한 산행 대장과 총무가 산악회를 이끌고 있어 늘 감사한 마음이다. 대장은 산이 너무 좋아 오지만 올라갈때는 늦다. 그렇지만 내려올때는 날다람쥐가 된다. 그 모습이 참 예쁘다. 글솜씨도 좋아 산행후기를 올릴 때면 넋 놓고 읽을 때가 많다. 어쩜 그렇게 자연스럽게 글을 쓰는지 부럽기까지 하다. 총무는 살림을 똑 부러지게 잘한다. 산도 잘 타고 직장일도 잘하고 마음씨도 예쁘다. 이제 낮은 산은 갈수 있는 체력까지는 되어 다행이고 감사

함께 한 시간속에서 나의 꿈이 시작되었다

하다. 요즘은 가까운 산으로 주말이면 남편과 같이 간다. 하동 섬진강 100리길을 산악회원과 걷기도 하고, 살고 있는 진주를 잘 알기 위해 진주박물관 대학에서 공부하며 앞으로 둘레길도 걸으려고 한다.

직장을 그만두고 쉬니까 남편의 불만이 줄어들고 아이들과 함께 보내는 시간이 좋다. 중학생이 되는 막내는 좋아하는 육상을 계속 하겠다고 한다. 가족을 위해서 건강한 먹거리와 해줄 수 있는 부분들을 챙긴다. 가족의 식사를 제때 챙기고 맛있게 먹어주니 뿌듯함을 느낀다. 고3인 둘째 딸을 위해서는 대학입시 정보력이 필요하다. 아들은 공부와 운동을 같이하니 시간을 잘 활용해야 될 것 같다. 학부모 교육에 참석하여 새로운 것들을 배울 때면 가슴이 벅차기도 하다. 대입 진학 및 진로교육과 상담을 신청해서 받을 때면 마치 젊은 엄마가 되는 것 같은 기분이다. 이제는 직장일을 할때보다 가족을 위하는 일에서 즐거움과 보람을 느낀다. 연휴에는 가족과 여행도 다닌다. 같이하니까 대화할 수 있는 유익한 시간도 가져진다. 나를 중심에 두고 살아가니 마음 근육이 튼튼해진다. 좀 더 당당해지는 나 자신을 발견하기도 한다. 지혜로운 나, 이면서 아내와 엄마로서 살아가고 싶다. 그러기 위해서는 책을 읽고 마음의 양식을 쌓으며 소통 공감하면서 살아가려고 한다.

지금 돌아보면 강한 척하고 살았지만, 열등감으로 자신이 없었던 것 같다. 옆에서 누군가를 도와주기만 했지 직접 선두에 나서지는 못했다. 육십을 바라보며 사람들이 하는 행동과 말들이 이제는 조금 알 것도 같다. 여생은 "나를 챙기면서 즐겁게 살자"라는 생각이다. 또한 사회에 도움이 필요한 곳이 있다면 조금이라도 나눔을 하고 싶은 마음이다. 특히, 상처받은 아이들이 밝고 건강하게 자랄수 있도록 하고 싶다. 진짜 나로 살아가기 위한 시작을 했다.

박노해 시인의 "진짜 나로"의 시구처럼

"진짜 살아있는 그곳에
진짜 사람인 그 곁에
진짜 나로 서 보고 싶다

살아서 진짜로
진짜 나로"

아름답게 당당하게 여유로운 미래를 향해 현역으로서의 삶은 명상가를 꿈꾸며 나만의 속도로 가고 있다.

　　　함께 한 시간속에서 나의 꿈이 시작되었다

제 5 장

나의 소중한 사람들에게
꼭 전할
한마디는 무엇인가?

즐거운 일을 찾고 즐겨라

김원배

학교 급식을 먹고 운동 겸 산책을 즐긴다. 햇살이 따스한 날은 운동장 둘레를 걷기도 하고 아이들과 공 놀이를 하기도 한다. 파란 잔디와 파란 하늘을 바라보며 가끔 멍때리기도 한다. 운동장에서 뛰어노는 모습을 바라보고 있으면 나도 모르게 미소를 짓는다. 아이들이 뛰어노는 것이 귀엽고 활기차 보이기 때문이다. 즐거움만 가득한 학교생활이지만 가끔은 등나무 의자에 앉아 먼 하늘에 떠다니는 구름을 바라보며 이 교정을 언제 떠나야 할지 깊이 있게 생각에 빠져들기도 한다.

우리의 삶의 목적은 행복이라고 한다. 나는 어떤 행복을 만들어 가고 있을까? 10대 청소년들에게 강의하면서 즐기는 일을 하면서 행복 해야 한다고 강조한다. 그 아이들이 내가 하는 말을 얼마나 이해를 할까? 아마도 대부분 아이들은 이해하지 못할 것이다. 나 또한 학창 시절 선생님들의 그 좋은 말들을 하나도 기억하고 있지 않기 때문이다. 그래도 나는 쉼 없이 아이들에게 강조한다. '인생은 공부가 아니라 즐기면서 살며 행복을 만들어 가는 것이다.'이라고 말이다.

중고등학교 시절 6년은 거의 지옥과 같은 생활인 것 같다. 뭐 괴롭힘을 당해서 지옥인 것이 아니라 하고 싶은 것도 없고 학교생활이 재미가 없기 때문이다. 동창회에서 친구들 이야기를 듣다 보면 '아 재네들은 저런 것을 하면서 놀았구나'라고 감탄사가 나온다. 나로서는 그 당시의 그런 행동들이 이해되지 않았었다.

학생들에게 즐거운 일을 하면서 행복하게 살아야 한다고 말하지만 정작 나는 일중독에 가까운 일상을 보내고 있다. 지인들은 말한다 "어떻게 그 많은 것들을 하면서 사세요. 그냥 편하게 살아도 먹고 살 잖아요" 나는 대답한다. "그러게요, 그런데요 멈출수가 없어요"

2023년 7월 28일 교대 치킨 집에서 MK 소개로 김○○을 만났다. 엘지에서 명예퇴임하시고 한국어 강사로 인생 2막을 살고 계신다. "즐거운 일을 만들어서 즐기면서 살고 있습니다"라는 말에 감명을 받게 됐다. 나는 읽고 쓰고 강의하는 것이 즐거운 일이라고 생각하면서 생활했는데, 일이 즐거울 수만은 없다는 생각을 하게 됐다.

"트레킹 다닐래요"라는 말 한마디에 시간나는대로 트레킹을 다니면서 나도 즐거운 일을 찾고 있다. 김선배님과 MK를 만나고 트레킹을 함께 다니면서 '즐거움'이란 무엇인가에 대해 다시 정의를 내리기 시작했다. 2023년 12월 30일 토요일부터 해파랑길 50코스를 격주로 도전중이다.

한 번뿐인 삶인데 즐겁고 행복해야 하는 것은 맞다. 그 즐거움이란 어떤 것일까? 나에게는 글쓰고 책을 읽는 것이 즐거움이었는데 2023년 트레킹을 다니고 김선배님을 만나면서 즐거움이란 것에 대해 다시 생각하고 계획을 세우고 실천 중이다.

학교에서는 학교 일에 집중하고 교문 나서면서 나는 즐거운 일을 생각한다. 교문안과 밖은 완전히 다른 세상이다. 즐거운 일은 시간을 내서라도 만들어야 한다. 취미활동도 좋고 뭔가 자격증을 배우는 활동도 좋다. 주변에 휘둘리지 않고 즐기는 삶을 살기 위해서는 평소 즐길 줄 알아야 하는 것이다. 요즘 작은 아들은 클라이밍에 빠졌있다고 한다. 밤늦도록 연구실에서 공부하고 주말이면 클라이밍으로 재충전을 한다고 한다. 그러다 보니 술 마시는 기회도 줄어들고 건강한 생활을 하고 있다고 한다.

"김샘 지금 뭐해요?"
대구에 살고 있는 박샘이 매일 아침 물어보는 질문이다. 새벽

톡을 나름 재미있게 남자 둘이서 대화를 한다. 방학을 하면서 새벽시간에 충무스포츠 센터에서 실내골프를 즐기는 중이다. 페딩 잠바와 목폴라 그리고 모자를 쓰고 눈만 남긴채 걷는 모습을 사진으로 보낸다.

"골프가 재미있나봐요?"

다시 톡이 온다. 뭐 재미있어서 한다기 보다는 뭔가 취미라도 해야할 것 같은 시기라서 시작한 골프라고 답장을 보낸다. 방학을 아주 유용하게 보내면서 하루 24시간을 짜임새 있게 활용하고 있다.

골프도 하다 보니 재미가 있다. 항상 뭔가를 할 때는 작심삼일이 되지 않으려고 노력중이다. 뱃살 빼라는 가족들에게도 매일 아침 운동하면 빠질거라고 하기에 새벽 운동을 빼먹을 수 없다. 때로는 반강제적으로 내 자신을 열악한 환경에 내몰고 있기도 하다. 그 환경 속에서 나를 찾아가기도 하는 것이다. 새벽 운동은 겨울 동안 못하다 보니 우야무야 잊혀진 계획이 되어 버렸다. 운동은 항상 작심삼일로 끝나고 만다. 내 성격 탓일 수도 있고 뱃살을 빼야겠다는 독한 마음이 없기 때문이다. 가족들과 주변 사람들이 뱃살에 대해 이야기하니까 도전해보는 것이지만 솔직한 내 심장은 뱃살이 그다지 신경쓰이지는 않는다.

하루 일과를 즐거움으로 시작해서 즐거움으로 마무리하려고 노력중이다. 가족들과 나를 아는 모든 분들에게 삶 속에서 즐거운 일을 찾고 즐기라고 말하고 싶다. 즐거움은 단순히 기분 좋은 상태를 넘어서, 우리의 일상생활과 건강에 아주 중요하게 영향을 준다. 긍정적인 경험과 즐거운 활동은 우리의 정서에 안정감을 주고 자신감과 자존감을 높일 수 있다. 즐거운 일을 찾아야하는 이유는 또 하나 있다. 건강한 정신으로 나이를 먹어가야 하기 때문이다.

우리 몸을 구성하고 있는 세포 중에서 가장 수명이 짧은 곳이 위라고 한다. 새로운 세포로 바뀌는 기간이 매우 짧다는 얘기다. 그다음으로 짧은 것이 대장, 소장 등이라고 한다. 자주 새로운 세포로 바뀌는 과정에서 돌연변이가 생기면서 용종이 생기고 암이 생기는 것이다. 그렇다면 가장 수명이 긴 세포는 어디일까? 바로 뇌 세포다.

뇌 세포의 수명은 60년 정도 된다고 한다. 60세가 넘으신 분들은 새로운 뇌세포를 가지고 계신 것이다. 뇌 세포가 바뀌기 때문에 새로운 것을 배워야 하는 것이다. 인생은 육십부터다. 새로운 뇌세포에게 공부라는 자극을 줘야 하는 것이다. 독서를 하든지, 글을 쓰던지, 여행을 하던지, 고스톱을 치던지, 영어를 배우던지 평소 하지 않았던 것들을 배워야 뇌가 활성화가 되면서 발달하게 된다.

새로운 세포로 바뀔 때 배우지 않으면 육십 이후에 치매로 가는 지름길이 될수도 있다. 치매 뿐만 아니라 고집이 쎄지고 혼자만 알고 주변 사람들과 감성적으로 교감하지 못하고 완전히 꼰대가 되는 것이다. 완전 꼰대가 되지 않으려면 배워야 한다. 60년 만에 바뀌는 뇌세포에게 활력을 줘야 한다. 퇴직하고 뭘 해야할지 고민이라면 꾸준히 배워야 한다. 뭐든지 배워서 남에게 전해줘야 꼰대소리 듣지 않고 치매 확률을 줄여줄 수 있다. 나이가 들수록 상대방을 배려하고 관계을 좋게 만들어야 한다.

퇴근 후 영양가 있는 취미활동이 보다 유쾌한 행복을 만들어가는 길 아닐까? 나는 지금도 나에게 도움되는 강좌가 있으면 어디든지 가서 듣는다. 책속에서 배우기도 하지만 직접 현장 강의를 듣는 것도 좋아하는 편이다. 점차 나이를 먹으면서 꼰대는 되지 말고 정신 건강한 어른으로 성장하고 싶다.

지금 나를 점검해 보자. 나는 지금 이순간 어떤 일로 즐거움을 느끼고 있는가? 즐거운 일을 찾고 즐겨라.

02

포기는 "No!!", 잠시 멈춤은 "Ok!!"

나컨세

2022년 9월 어른들의 IT 디지털 배움 학교인 〈나컨세스쿨〉을 시작하면서 품었던 꿈은 참으로 원대했었다. 주 5일 매일 Zoom(온라인 화상회의)으로 최소 1시간에서 2시간가량 수업을 진행 하였다. CANVA, CAPCUT, 메타버스(제페토/Ifland), 글쓰기 수업, 스피치 수업, 그림 그리기, 켈라그라피, 컴퓨터와 IT기초 등 정말 다양한 분야를 나름 괜찮은 콘텐츠로 훌륭한 강사진들과 함께 했었다. 힘은 들었지만 늦은 시간까지 하나라도 더 배우기 위해 애쓰고 참여하는 학생님들의 모습을 보면서 힘을 낼 수 있었다. 2023년에도 챗 GPT활용법, 다양한 AI 도구들, Notion(노션), 글쓰기 수업도 진행하였다. 와… 이렇게 하나씩 짚어보니 지난 2년 동안 콘텐츠 준비과정부터 강사진 섭외, 수업 진행 등 그동안 겪었던 일들이 하나하나 떠오르면서 '정말 열심히 살았구나..'하는 생각과 함께 한편으로는 조금 씁쓸했던 기억도 되새기게 된다. 2022년은 내 인생에서 가장 다이내믹한 순간으로 자리매김을 한 해이다. 새로운 도약을 위해 과감히 선택한 퇴사, 행복한 설레을 안겨다 준 '나컨세브랜드'의 시작, 두 번 다시 겪고 싶지 않았던 엄마의 건강악화, 지금 생각해도 이 일들이 한 해에 겪었던 게 맞나 싶기도 하다.

20년 가까이 직장 생활만 하던 사람이 이제라도 내 꿈을 하나씩 시작해 보겠다며 회사를 박차고 나온 것 까지는 참 멋진 선택이었다. 지금도 후회를 하지는 않는다. 퇴사 이후 무엇을 할지에 대해 나름의 준비와 계획이 없던 것은 아니지만 막상 따박따박 매달 일정한 월급을 받다 내가 직접 나서지 않으면 땡전 한푼 통장에 찍히지 않는다는 현실을 마주하게 되었을 때는 오만가지 생각으로 머리가 복잡했었다. 'life&content 크리에이터'라는 조금은 생소한 온라인 세상에서 시작된 제2의 직업이었기에 어디서 어떻게 수입을 창출해야 할지가 막막 했었고 과연 내가 만들어낸 콘텐츠가 사람들에게 어떤 의미로 전달이 될지도 매우 궁금했었다. 그 첫 발걸음은 'MKYU 미니 챌토링'에서 시작이 되었다. 나만이 가진 재능, 능력 등을 콘텐츠화 시켜 참여한 사람들의 멘토링을 해주는 프로그램이었다. 이곳에서 〈나를 위한 질문 1가지〉, 〈나컨세 힐링캠프〉가 시작이 되었다. 내 평생 잊지 못할 숫자가 있는데 '17410'이다. 온라인 세상에서 거머쥔 첫 수입이 바로 세금 후 '17,410원'이었다. 당시 통장에 찍힌 숫자를 보고 2가지 마음이 꿈틀거렸다. 하나는 감동 그 자체였다. 전혀 다른 분야에서 돈을 벌었고 돈을 벌 수 있다는 희망, 그 하나가 매우 큰 의미로 다가왔었다. 그리고 바로 '아… 너무 적은데…' 살짝 현타가 오기도 했었다. 그럼에도 내가 꿈꾼 일을 시작해 결실까지 맺을 수 있었다는 그 사실은 변하지 않았기에 현타는 그리 중요하지 않았었다.

코로나 팬데믹으로 인해 가장 많이 달라진 것은 온라인 세상에서의 삶이 많이 익숙해진 게 아닐까 싶다. 밖으로의 외출을 할 수 없으니 집에서 할 수 있는 활동을 찾게 되고 평소 SNS에 관심이 없던 사람들 조차도 계정을 만들고 일상을 기록하는 등 다양한 방법으로 각자만의 시간들을 보내게 된것이다. 전 세계 사람들이 온라인 세상에서 살아가는 법을 터득한 것이다. 그 여파는 팬데믹이 끝났어도 여전히 사람들의 생활방식에 녹아져 있다. 이는 IT의 발전 속도에 매우 많은 영향을 미치게 되었고 앞으로 마주하게 될 시대에 필요한 메타버스, 인공지능, NFT 등 그 기반들이 마련되는 시간이기도 했었다. 개발자로 일을 하면서 좋은 점 하나를 꼽으라면 새로운 기술이든 문화든 조금은 빠르게 습득을 하는 것이다. 아마도 계속해서 변화가 일어나는 IT에서 살아남기 위한 생존 습관이 나의 또 다른 자아로 남은 게 아닌가 싶다.

〈나컨세스쿨〉을 시작할 때 가장 많이 염두에 두었던 부분은 40대 이상의 어른들이 요즘 시대에서 알고 있으면 쓸모 있는 다양한 기능들, 앞으로 삶에 꼭 필요한 플랫폼 등을 가장 기초적인 부분부터 제대로 배울 수 있는 공간으로 만들고 싶었고 나의 생존 습관이 조금이라도 도움이 되기를 바라는 마음이었다.

주 5일 매일 다른 내용으로 수업을 한다는 컨셉은 지금 생각해도 아찔하다. 최소 20일에서 25일을 약 4개월 동안 매일 수업을 한 것이다. 어떻게든 하나라도 더 알려드리고 싶은 마음이 앞서 무리를 했던 것도 사실이지만 함께 공부한 학생님들뿐만이 아니라 수업을 진행하면서 나 또한 배우는 시간이기도 했었다. 온라인 커뮤니티를 운영하면서 부딪히는 여러 문제에 대해 조금 더 깊이 고민해 볼 수 있는 시간이었다. 다양한 경험만큼 가장 큰 배움은 없을 것이다. 시작해 보지 않으면 알 수 없는 것들이 너무나 많기 때문이다.

수업을 시작하고 한 달 좀 지나서부터 엄마가 많이 위독하셨다. 병의 원인을 찾지 못해 3군데의 병원을 전전해야 했고 코로나 시기라 입원하는 것도 병원을 옮기는 것도 쉽지 않은 일이었다. 강의를 해야하는 날에는 병원의 구석진 자리를 찾아 조용히 수업을 이어가기도 했다. 다행히 함께하는 강사님들이 계셔서 일정은 차질없이 진행이 되었지만 아무래도 온전한 신경을 쓸 수 없었기에 커뮤니티를 운영함에 있어 빈틈이 보이기 시작했다. 치료 중 엄마와 내가 코로나까지 걸리게 되면서 강의가 거의 끝나가는 마지막 달이 가장 힘들었던 시간이었다. 평생 그렇게 이 상하리만큼 아픈 고통은 처음이었다. 코로나에 걸리면 병동도 옮기게 되고 보호자는 같이 있을 수가 없다고 해서 격리병실까지는 함께 이동을 한 후 엄마를 두고 나올 수 밖에 없었다. 아픈 엄마를 혼자 두고 오면서 계속 눈물이 났다. 집중 치료실이어서 간호사가 24시간 보살펴 주셨지만 내내 함께 있다가 혼자 병원을 나서려니 마음이 편치 않았었다. 코로나 격리 기간이 끝나고부터는 간병인분의 도움을 받기 시작했다. 우선은 코로나 여파도 있었고 그동안 많이 힘들었는지 도통 회복이 되지 않았다. 간병하는 사람 몸 상태가 좋아야 하는데 이런 컨디션으로는 도저히 할 수가 없었다. 다행히 좋은 간병인분을 만나 세심하게 엄마를 보살펴 주셔서 지금도 정말 감사한 마음이 크다. 퇴원 후 어느 정도 일상생활이 가능한 컨디션으로 회복되기까지 약 6개월이 넘는 시간이 걸렸다. 사실 그 이후에도 썩 좋지는 않았지만 먹고사는 문제가 더 컸기에 퇴사를 한 지 1년 만에 다시 직장을 다니게 되었다. 건강을 회복하는 기간, 다시 직장을 다니기 시작한 2023년의 초반의 일상은 정신적 육체적 카오스 그 자체였다.

생계가 먼저라는 것을 머릿속으로는 골백번도 더 이해를 하였지만 막상 1년이란 시간 동안 내 꿈을 위해 하루를 온전한 시간으로 보내다 다시 그 시간을 쪼개고 쪼개서 쓰면서 '지금 내가 제대로 하고 있는 건지, 방향성을 잃은 건 아닌 건지'등의 혼란한 마음들이 나를 흔들기 시작한 것이다. 새로운 일을 시작할 때 일의 가속도가 붙는 구간이 존재한다. 그 시기를 잘 버텨낸다면 내 것으로 만들 수 있는 초석을 마련할 수 있는 것이다. 4개월 강의가 마무리된 이후의 시간에 가속도를 붙여 더 나아갔다면 〈나컨세스쿨〉을 조금 더 성장시킬 수 있지 않았을까 하는 생각들이 자꾸 나를 더 괴롭힌 것이다. 비슷한 시기에 시작한 커뮤니티들이 조금씩 더 성장하는 모습을 보면서, 그들의 커뮤니티에 참여하는 사람들의 숫자가 늘어나면서 '나도 저렇게 성장하고 있었을 건데… 내가 더 잘할 수 있었는데…'하는 무의미한 생각들로 나를 더 괴롭혔었다. 나름 내가 주어진 시간 속에서 최선을 다하고 있었음에도 말이다. 결단이 필요했었다. 이대로 가다간 정말 죽도 밥도 안되는 인생이 될 거 같았다. '아.. 그래.. 무슨 40대 중반에 꿈을 키운다고 잠도 못 자면서 이 고생을 하냐.. 그냥 다 포기하자..' 이 마음이 아니라 '잠시만 이대로 있자. 숨 고를 시간을 나에게 주자.'는 '멈춤'을 선택하였다.

포기는 말 그대로 지금까지 내가 무엇을 이루어 놓았든 앞으로 더 이상은 하지 않는다는 것이다. 내가 생고생하며 이룬 시간들을 그냥 버리는 것이다. 그렇지만 '멈춤'은 다르다. 그냥 지금 상태로 놔두는 것이다. 내가 만들어 낸 시간들, 내가 만난 사람들, 내가 이룬 결과물들을 이대로 두는 것이다. 단지 지금부터는 무엇을 더 해내려고 애쓰지 않아도 될 뿐이다. 한 발짝 뒤로 가 아닌 한 발짝 옆으로 잠시 비켜날 뿐이다. 갑자기 비가 오면 우리는 비를 맞고 가기보단 비를 피할 곳을 찾는다. 비가 멈추면 다시 내 갈 길을 가면 되는 것이다. 잠시 비켜났던 한 발짝을 제자리에 오게 하면 된다. 내가 선택한 멈춤은 강의였다.

2023년의 〈나컨세스쿨〉은 독서와 글쓰기에 조금 더 힘을 준해였다. 책을 읽으며 필사와 글을 쓰며 내 자신을 치유해 가고 있었기에 그 시간을 함께 하고자 하는 분들과 소소하게 보내고 싶었다. 그 여파로 커뮤니티에서 나가신 분들도 계셨지만 멈춤의 시간을 통해 진짜 내 색깔을 입히는 커뮤니티를 만들 수 있는 초석을 마련하게 되었다. 그 힘으로 생계를 위한 일도 집안일도 그리고 〈나컨세브랜드〉 관련 업무도 다시 시작할 수 있었다. 지금 현실적인 문제로 나와의 싸움을 하고 계시는 분들이 있다면 잠시 숨고를 시간을 당신에게 주었으면 한다. "포기는 No!!, 잠시 멈춤은 Ok!!" 이 말을 크게 외치며 포기가 아닌 잠시 멈춤을 꼭 선택하기를 바란다. 그 멈춤은 우리가 간절히 바라는 시작일수록 그 시간은 그리 길지 않을 것이니 오늘에 최선을 다하며 다시 한 번 포기하지 않았던 나에게 칭찬을 해주길 바란다. "포기는 No!!, 잠시 멈춤은 Ok?"

　　　　　　함께 한 시간속에서 나의 꿈이 시작되었다

03

엄마의 유언장

하랑

2008년쯤 큰 규모의 체육관에서 수십 명의 사람들과 함께 임종 체험을 한 적이 있다. 장송곡이 흘러나오는 와중에 실제 관에 들어가 보니 남편이 제일 먼저 떠올랐다. 그때는 아이가 없어서 남편에게만 유언장을 남겼다. 잘 살길 바란다고, 재혼은 빨리하지 말고 천천히 하고 내 명의로 되어 있는 재산의 일부는 친정 식구들을 위해서 써달라고 당부했었다.

15년이 지난 지금, '만약 일주일 뒤에 죽게 된다면' 나는 무엇을 할까?

회사 일을 대략 정리하고 가족과 함께 시간을 보내면서, 엄마 없이 지낼 아이들과 부인 없이 지낼 남편을 위해서 유언장을 남길 것 같다.

사랑하는 남편!

2001년에 만나서 연애하고 2005년에 결혼하여 사랑스러운 아들과 딸을 낳았네.

결혼하고 나서 워커홀릭으로 사는 나 때문에 마음고생 많았지? 회사 일에 치여서 주말에는 늘어져 잠만 자는 나를 보며 '밖으로 바람 쐬러 가자'라고 여러번 제안했는데도 그때마다 못 따라 나가서 미안했어. 지금 생각해 보면 육체적으로도 정신적으로도 그로기 상태였던 것 같아.

MBA 2년 과정이 너무나도 빡세서 졸업 후에나 첫아이를 가지면 좋겠다고 했을 때 나를 이해해 줘서 고마웠어. 졸업 후 계획과는 달리 아이가 생기지 않아서 많이 노심초사 했었어. 오빠의 친구들은 모두 자녀가 있는데, 우리 부부만 아이가 없으니 마음이 더 급했던 것 같아. 더 좋은 여자를 만날 수도 있었을 텐데…. 나처럼 일중독에 빠진 여자를 만나서 '재미없겠다' 라는 생각도 여러 번 했어.

자궁외 임신이라는 아픔을 겪고 그로부터 몇 달 후에 임신 테스터기에서 두 줄을 봤을 때 얼마나 기쁘고 감사하던지. '35세는 노산이라 위험하다'라는 말을 여러 차례 듣던 와중에, 임신 중기 초음파 때 '아이의 심장이 기형이다' 라는 청천벽력 같은 소리를 듣고 얼마나 울었던지. 의사 선생님이 남편을 병원으로 부르라고 했을 때 수화기 너머의 오빠의 목소리를 듣자마자 서러움에 눈물이 터졌어. 허겁지겁 병원으로 달려온 오빠를 보자 또 뜨거운 눈물이 흐르더라. 내가 힘들 때 가장 먼저 찾았던 사람은 항상 오빠였어. 우리를 놀라게 했던 아들은 3.5kg으로 잘 태어났고, 태어나서 2달 후에 그리고 3살 때 두 번의 개흉 수술을 했지만, 그 뒤로 씩씩하고 건강하게 잘 자라고 있으니 정말로 감사한 일이야.

소아 중환자실 면회시간에 맞춰 갈 때마다 애간장이 녹고 마음이 미어졌었는데 하루는 오빠가 나에게 이런 말을 했어. "윤이가 우리 부부에게 온 것은 다행이야. 적어도 우리는 병원비 걱정은 안 해도 되잖아."

오빠의 말이 얼마나 위로가 되었는지 몰라. 사랑스러운 윤이가 이젠 듬직한 중학생이 되었지. 힘들 때마다 따뜻한 위로를 해줘서 위안을 많이 받았어. 정말로 고마워. 사랑해.

중2 아들과 초5 딸. 남자 혼자서 키우긴 쉽지 않을 거야. 그래도 아이들이 대학생이 될 때까지는 재혼하지 말고 혼자 키웠으면 좋겠어. 재혼가정에서 벌어지는 일들을 뉴스에서 보면 너무 끔찍하고 무서워. 일하느라 바쁘겠지만 하루에 한 번 아이들과 대화의 시간을 가지고 질문도 자주 해줘. 진이는 딸이어서 사춘기가 더 빨리 올 텐데 사춘기가 심하게 오면 '저것들은 똥이다'라고 생각하고 슬기롭게 잘 대처해 줘. 아이들이 주체적으로 커 갈 수 있도록 믿어주고 사랑 표현을 자주 해줘. 당신은 책도 많이 읽고 마음이 선한 사람이니깐 아이들 마음을 잘 보듬을 수 있을 거야. 서로 말하지 않으면 상대의 마음을 모르니 아이들과 자주 이야기를 나눠봐. 아이들은 항상 나보다 아빠를 더 편하게 생각했잖아.

건강이 제일 중요한 것 알지? 건강 안 챙겨서 이렇게 일찍 하늘나라로 가는 나를 봐봐. 일 년에 한 번씩 건강검진도 꼭 받고, 비타민과 오메가3도 잘 챙겨서 먹어.

30년 정도 다른 환경에서 살다가 부부라는 인연으로 20년을 살았네. 오빠가 있어서 행복했고 든든했어. 심성이 착한 당신을 닮은 우리 아이들, 아이들의 아빠여서 참 좋았고, 당신과 결혼을 한 것이 내 인생에서 가장 잘한 일이야. 많이 사랑해.

윤이야.
엄마의 보물 1호 우리 아들^^
우리 아들 장가가는 모습을 봐야 하는데, 엄마가 하늘나라로 가게 되었네.
너를 많이 사랑하고 존중해 주는 여자를 만나서 결혼하면 좋겠어. 사랑하는 사람과 좋은 관계를 유지하려면 지혜가 필요하단다. 엄마가 "센스가 있어야 한다"라고 자주 이야기했었지!

어려운 수술을 잘 이겨 낸 우리 아들, 앞으로 꽃길만 걸을 거야. 고난을 만나게 되더라도 회복탄력성이 좋은 우리 아들은 잘 이겨 낼 거라고 믿는다. 엄마가 화났을 때조차도 유쾌한 윤이씨의 입담 덕분에 피식하고 웃을 수 있었어. 엄마와 아빠의 아들로 태어나줘서 진심으로 고맙고 아주 많이 사랑한다.

살다가 힘든 일이 생긴다면 "이 또한 지나가리다, 네가 힘들면 다른 사람들도 힘들 꺼야"라고 생각하면서 우울감에 빠지지 않도록 에너지를 스스로 뿜어내렴. 주변에 긍정적인 사람들을 많이 포진시켜 놓는 것만으로도 너에게 큰 도움이 될 거야.

지금도 책을 많이 읽지만, 앞으로도 다양한 책을 읽고 지혜와 지식을 쌓으면 좋겠어.
벤저민 하디가 쓴 『퓨처셀프』에서 이런 내용이 나온단다.

"좋은 책 한 권을 읽는다고 해서 인생이 바뀌지는 않지만, 이후 또 한 권을 읽게 되고, 그다음 또 한 권을 읽게 된다. 그러면 지식과 통찰력이 점점 쌓여 예측하지 못한 변화와 결과를 만든다. 시간이 흐르면서 다른 사람이 되는 것이다. 이 모든 것의 시작은 책 한 권이다.
미래의 나는 현재 행동의 복리 효과로 만들어진다."

엄마도 책을 읽으면서 지혜로워지고 조금씩 더 대담해졌던 것 같아. 우리 아들도 책을 읽으며 마음에 콕 와닿은 문장들을 만나 길 바래.

살다 보면 인간관계로 힘들 때도 있을 거야. 그때는 딱 한 가지 만 기억하렴. '다른 사람의 말을 끝까지 듣고 공감해 주면 된다' 그리고 조언을 요청하지 않은 사람에게는 조언을 해주지 않는 게 현명한 것 같아.

외할머니가 엄마에게 자주 했던 말이 "침묵은 금이고 웅변은 은이다" 였어. 엄마가 어렸을 때는 "할 말은 해야지…. 왜…. 말 을 적게 하라는 걸까?" 라고 의아하게 생각했어. 그런데 지금 생 각 해보면 '다른 사람의 말을 끝까지 들어주고 불필요한 말을 하 지 않고, 누군가가 너를 믿고 털어놓은 비밀에 대해서는 입이 무 거워야 한다' 라는 뜻 같아. 우리 아들은 섬세하고 이해력이 좋으 니깐 엄마의 말을 잘 이해할 거라고 믿는다.

진이야. 사랑스러운 우리 진이. 이름만 불러도 코끝이 찡해오 는 엄마딸!

너를 사랑하는 깊이와 농도는 정말로 측정할 수 없단다. 야무 지고 말도 잘하며, 유튜브 보면서 쿠키도 자주 구워 주고 혼자서 소아과도 잘 다니는 씩씩한 진이. 정말로 많이 사랑한다.

엄마가 옆에서 평생 동안 친구를 해줘야 하는데 하늘나라로 먼저 가서 정말로 미안해. 외할머니는 엄마 나이 스물 일곱에 돌아가셨어. 친정엄마 없이 결혼 준비를 할 때 진짜로 외할머니가 많이 보고 싶어서 울기도 했단다. 오빠와 너를 낳았을 때 이렇게 사랑스러운 아이들을 외할머니께 보여드리고 싶은데 못 보여드려서 그것이 얼마나 안타까웠는지. 외할머니가 살아계셨다면 엄마에게 "장하다. 기특하다. 내 딸 "이라고 하셨을 것 같아.

당당하고 씩씩하게 살아갈 엄마 딸 진아!
엄마는 우리 딸을 사랑하고 믿는다.
인생을 살아가면서 네 주변에 어떤 사람이 있는지가 정말로 중요하단다.

"가장 많은 시간을 함께 보내는 사람 다섯 명의 평균 모습이 바로 당신이다."

_짐론 Jim Rohn

너와 함께하는 사람이 너를 무시하거나 가볍게 여긴다면 하루라도 빨리 그 사람과는 결별하는 것이 좋아. 인생을 변화시키기 위해서는 너 자신을 바꾸는 것도 중요하지만 만나는 사람을 바꾸는 것도 그만큼 중요하단다. 주변에 좋은 사람이 많기를 기도 할께. 너를 괴롭게 하는 사람이 있다면 빠르게 손절하는 것이 좋다.

너를 많이 사랑해 주는 남자를 만나서 결혼했으면 좋겠고 사람을 선택하는 데 있어서 가장 중요한 것은 성격이야. 엄마는 아빠의 성격이 좋아서 결혼을 했거든. 서로 존중해 줄 수 있는 사람을 만나렴. 엄마는 진이를 낳고 정말로 행복했어. 진이가 나이가 어려도 엄마에겐 세상 둘도 없는 좋은 친구였단다.

사람은 센스가 있어야 한다고 엄마가 자주 강조했잖아. 센스 있는 사람이 되는 가장 좋은 방법은 책을 읽는 것과 일기를 쓰는 거야.
하루의 일을 돌아보면서 더 나은 내일을 준비할 수 있으니 꼭 일기를 쓰길 바래.

마지막으로 천국에서 다시 만나자. 윤이와 진이가 지금처럼 교회에 잘 다니고 하나님 말씀 묵상하고 앞으로도 성령 충만하면 좋겠어. 아빠가 하나님을 아직 만나지 못했는데, 윤이와 진이가 아빠에게 좋은 영향력을 끼쳐주면 정말 좋을 것 같아.

우리는 하늘나라, 천국에서 다시 보자.

엄마는 아빠와 윤이, 진이의 주변에서 바람과 꽃으로, 비와 눈으로, 해님과 달님으로, 언제나 함께 있을 거야. 많이 사랑한다.

함께 한 시간속에서 나의 꿈이 시작되었다

유언장을 써보니 가족의 소중함을 더 깨우치게 된다. 인간의 삶은 영원하지 않다. 모든 이는 태어나면 죽는다게 변하지 않는 진실이다. '백 년도 못살면서 천 년을 살 것처럼' 고민하지 말자. 소중한 사람이 곁에 있을 때 지금 현재 행복하게 살자. 오늘의 행복을 내일로 미루지말자.

04

새로운 시작, 디지털 세상 속으로

김예서

2022년 11월 말경 mkyu대학에 입학을 계기로 새벽기상을 시작했다. 12월 1일~15일간 05시에 새벽기상을 하면 NFT를 준다고 했다. 줌 강의를 듣는 것도 처음이지만 무엇보다 NFT가 뭔지도 몰랐다. '새벽에 강의를 들으러 전국, 세계각국에서 모인사람들' 강사의 말한마디에 웃고 감탄하며 환호 하는 모습, 채팅창에 올라오는 수많은 댓글들이 신선한 충격이었다. '강의를 듣고 코로나 이후로 세상이 많이 바뀌가고 있는 것을 절감하며 디지털세상을 모르면 아무것도 할수 없고, 나이들어서는 세상과 동떨어져서 살 수밖에 없구나 하는 생각이 들었다. 인.블.유를 인스타그램, 블로그, 유튜브를 강조하는 것을 듣고 나도 해보자 하는 마음이 들었다.

인스타그램에서 "미리캔버스" 무료 특강이 있었다

"오, 이거야! 참여해야겠다."라고 생각했다.

"리그램"을 하라고 해서 "신청"하겠다며 댓글을 달았다. 강의가 있다던 날, 아무 연락도 오질 않았다. 댓글이 리그램으로 알았으니 답답한 노릇이었다.

"아, 이건 내가 할 수 있는 일이 아니야."라고 생각하며 포기하며 내려놨다.

"클릭하면 내세상, 들어가지 않으면 남의세상"이란 김미경 학장님의 말이 떠 올랐다.

"처음부터 잘하는 사람은 없어" "포기하지 말자, 나도 할 수 있어."라는 생각이 들었다.

우연한 기회에 틱톡 강의를 듣게 되었고 "틱톡에 있는 필터를 사용해서 재미있게 즐기는 것을 찍어야 한다"라고 강사가 말 했지만, 처음 영상을 만들 때는 쑥스럽기도 하고 얼굴을 내밀고 혼자서 말을 하는 것 자체가 어색해서 '난 요리를 하는 사람이니까 요리 영상을 올리면 되겠구나' 하는 생각이 들었다. 요리영상을 올리다보니. 조회수가 늘어나며 틱톡의 즐거움을 찾았다. 틱톡을 계속하다보니 좀더 재미있는 것을 찾기 시작했다. "만약 내가 필터를 만들어 다른 사람들도 사용할수 있게 한다면 어떨까" 하는 생각이 들었다. 스티커를 만들어 틱톡 코리아에 올리면, 승인이 떨어져야 필터로써 가치가 있다.

"과연 승인이 날까?" 매일 틱톡 코리아를 확인하며 기다리는 시간은 시험을 보고 합격자 발표를 기다는 마음이었다. 초조하게 기다린 보람이라도 있듯이 4월 1일, '승인'이란 두글짜를 확인하며 마치 큰 꿈을 이룬 것 같은 느낌이었다.

그 시점을 계기로 새로운 활력을 얻었다.

'그래 나의 꾸준함을 보여주자'.

'남들은 몰라도 기계는 알고 있겠지'

"하루에 세 개씩, 계속 만들어보자."

매일 스티커를 만들어 올린 결과, 승인이 속속들이 이어졌고, 내가 만든 스티커는 전세계 사람들이 필터를 사용해 재미 있게 놀고 있는 모습을 보니 큰일을 하고 있구나 하는 자신감이 붙기 시작했다. 하지만 내가 만든 스티커를 직접 사용해보지는 않았었다. 왠지 전세계 사람들에게 얼굴을 보이는 것이 쑥쓰러웠다.

"틱톡 스티커 크리에이터라고 하면서 왜 내 스티커를 사용하지 않지?"라는 의문이 들었다.

"내가 만든 스티커로 세계 사람들이 즐거워하는데, 나는 왜 그걸 활용하지 않을까?"

"이렇게 해서는 안되겠구나 내가 만든 스티커로 더 재미있는 컨텐츠를 만들어야지.'라고 생각하며, 브랜딩 전략에 변화를 주기로 마음 먹었다.

그 결심 이후로, 내가 만든 스티커뿐만 아니라 다른 사람들이 만든 스티커도 적극적으로 활용하기 시작했다. 요리 영상은 뒷전으로 미뤄놓고, 스티커를 활용한 다양한 테마의 영상을 제작하기 시작했다. 틱톡 커뮤니티 내에서 나의 존재감을 높이는 데 큰 역할을 했다. 변화를 준 후, 나는 놀라운 성과를 보기 시작했다. 어느새 상위 1%의 틱톡 스티커 크리에이터가 되었고, 구독자 수도 급격히 증가했다. 틱톡에서 스틱커를 만든 수입이 발생하기 시작했다, "이제야 진정한 스티커 크리에이터로서의 길을 걷고 있구나."라고 느끼며, 계속해서 창의적이고 재미있는 컨텐츠를 만들어 냈다.

디지털 세상에 눈을 뜬 순간, 새로운 가능성이 내 앞에 펼쳐졌다. 줌 강의를 듣고, 오프라인 수업에 참여하며 차곡차곡 지식을 쌓아갔다. 하지만 공부만으로는 충분하지 않다는 생각이 들었다. "수입은 어디서 창출하지?"
요리 강사로 활동했던 경험을 살려 다시 강사의 길을 모색하기 시작했다. "어떤 강사를 할까? 어디서 할까?" 고민이 깊어졌다. 그러던 중, 디지털 배움터에서 강의하는 것이 좋겠다는 생각이 들었다.

강사가 되기 위해 필요한 ITQ 자격증에 도전하기로 했다. 그 중 가장 따기 쉽다는 "PPT" 자격증을 선택했다. 공부를 시작했지만, 막상 도전하니 쉽지 않았다.
"도대체 이게 뭐야?" 헤매고 강의 때 마다 질문을 하는 사람,

가르쳐 줘도 어디에서 그 도구가 있는지 찾지 못하는 나를 발견하고 실망감이 커져 냉수만 벌컥벌컥 마시고 때려 치우려고 여러번 생각했지만 그럴적 마다 이 고비를 넘지 않으면, '앞으로의 나는 지금과 다름없이 살 수밖에 없어' 앞으로 살아갈 날이 지금까지 살아온 시간 만큼 더 살아야 하는데 무료하게 늙어 가고 싶지는 않았다. 남들이 쉽다 말하는 것은 그 만큼 많이 연습해서 그럴 것이다. 열심히 준비를 해서 시험을 봤다.

ITQ 첫 시험에서는 불합격의 쓴맛을 봤다. 불합격이 되다 보니 자신감은 땅바닥으로 뚝 떨어졌다. '애고 난 왜 안돼?' '이건 나에게 너무 어려운 것 같아' 자격증 따는 사람과 나와는 차이가 있어? 아니, 내가 "연습량이 부족했어. 다시 해보자." 매일 하루에 2시간은 고스란히 시험 준비를 했다.

다시 접수해서 시험을 치루었는데 합격했다, A등급을 원했지만 B등급으로 합격!! 다소 서운한 면이 있었지만, 합격에 안도감으로 가족에게 전하자 모두가 기뻐했다.

공부를 하면서 컴퓨터에 대한 두려움이 서서히 사라지기 시작했다. "이제는 컴퓨터를 배우지 않았다면 세상과의 소통은 어떻게 하지? 하는 생각이 들정도이다. 만약 자격증 시험에 떨어졌을 때나, 처음 배우는 과정에서 어려움에 포기했다면, 지금의 나는 완전히 다른 모습이었을 것이다. 디지털 세계에 대한 두려움에 컴맹으로 안일하게 세상을 살고 있었을 것이다. 지금과는 동 떨어진, 기술 발전의 물결 속에서 점점 뒤처지는 모습이었을 것이다. 컴퓨터 화면만 쳐다보고 검색 정도 하는 수준으로, '나에겐 이런 건 어렵다'고 자조하는 모습으로 남아 있었을 것이다.

어려움에 직면했을 때, 포기하지 않고 도전을 계속한 것은 제 삶에 큰 전환점이 되었다. 순간의 선택이 오늘날의 AI인공지능콘텐츠 강사로, 챗gpt강사로 새로 태어나게 만들어 줬다. "생성형 AI 챗GPT 300%활용"의 책을 공저로 집필하고, "인문학 강의" 공동저자, AI를 활용한 시화집까지 공동저자로 출간하며 디지털 세상은 나에게 날개옷을 입혀주었다.

이젠 다른 이들에게도 그 긍정적인 변화의 씨앗을 심어주고 있다. 포기하지 않고 끝까지 밀고 나간 덕분에, 더 넓은 세상과 소통하며 새로운 가능성을 찾고 있다.

워런 버핏이 말했듯, "가장 좋은 때가 바로 지금이다." 변화하는 세계에 적응하고 자신의 위치를 확고히 하기 위해서는 지금 당장 시작하는 것에서 비롯된다. 워런 버핏의 성공 이야기는 두려움을 넘어서 새로운 도전을 시작하는 용기를 갖게 한다.

소중한 사람들에게 전하고 싶은 말이 있다면, "변화를 두려워하지 말고, 항상 배우며 도전하는 삶을 살아라"이다. 이러한 삶의 태도를 가지고 있다면, 우리는 끊임없이 변화하는 세상 속에서도 자신만의 길을 찾아 의미 있는 삶을 살수 있다. 변화를 받아들이고 새로운 시작에 용기를 내는 것이 각자에게 큰 변화를 가져올 것이라 믿는다.

05

시간의 가치와 건강의 중요성

북힐공방

소중한 사람들에게 내가 전하고 싶은 말은? 평범한 일상 속에서도 가장 중요한 것은 '오늘'이라는 하루를 어떻게 보내느냐에 따라 삶이 달라진다고 말해주고 싶다. 이는 곧 시간 관리의 중요성과 건강관리의 필요성을 의미한다. 일상 속에서 책을 가까이 두고 읽는 습관을 만드는 방법 중에 하나가 되기도 한다.

아들과 딸 그리고 우리 가족 모두에게 말하고 싶은 것은? 건강하고 행복을 느끼며 감사한 마음으로 살라고 말해주고 싶다. 우리가 사랑하는 사람들을 지키기 위해서는 자신이 건강해야 한다. 운동은 하루의 루틴으로 잡고 평생 해야 된다. 시간이 없다는 핑계로 운동을 하지 않는다면, 그것은 결국 자신을 사랑하지 않는 것과 같다. 운동할 시간이 없다고 말하면 등짝을 한대 때릴 것 같다. "엄마가 해보니까 다 할 수 있더라"라고 말해줄 것 같다. 이 말은 단순히 엄마의 경험을 전하는 것이 아니라 우리 모두가 그렇게 할 수 있음을 말해주는 격려의 말이다.

걷기를 하게 된 계기는 건강을 위해 한번 걸어볼까?에서 시작되었다. 2023년 8월 카눈이라는 태풍 소식이 있던 날이었다. 아마 그때부터 걷기는 내 진심이었다. 티브이에서는 연일 태풍 소식이 떠들썩하고, 비상사태라고 비 채비를 단단히 하라는 뉴스 속보가 계속 나오고 있었다. 귀를 기울였지만, 나의 걱정은 다른 곳에 있었다. 비가 많이 오면 내일 걷기 운동 못 가면 어떡하지라는 걱정이었다. 어김없이 아침은 찾아왔고 비가 와도 그냥 걸어볼까? 우산을 들고 밖으로 나갔다. 내 의지를 꺾고 싶지 않았고 비가 와도 걸으려는 생각은 했지만 강한 비바람에 마음은 복잡하게 비바람처럼 이리저리 흔들렸다. 그냥 오늘 쉬고 내일 다시 할까? 비 온다는 핑계 대고 쉬어볼까? 마음은 갈등하고 있는데 내 발걸음은 빗속을 걷고 있었다. 내 의지와 상관없이 몸은 습관처럼 걷고 있었다. 뭐야 다시 돌아갈 수도 없고 그냥 계속 걸어보기로 했다.

우산을 든 손에 힘을 주고 바람 소리 빗소리를 벗 삼아 묵묵히 걸었다. 태풍이 온다는 소식에 평상시 운동하던 사람이 그날은 아무도 없었다. 비가 이렇게 많이 오는데 왜 나는 걷고 있을까? 이 생각 저 생각이 머리를 스쳐 지나갔다. "오늘 너 안 하면 내일

쉬고 싶을 거 아니야." 아직도 자신을 믿지 못하는 나약한 내 마음을 꼭 붙잡고 싶었던 것 같다. 오롯이 나만 생각하고 힐링공간이 되고 있는 걷기 운동은 내 스스로 마음의 치료시간이요. 새로운 목표와 스스로 용기와 힘을 얻는 시간이다. 비가 와서 미끄러울 텐데 맨발로 걷는 게 괜찮을까? 하는 마음으로 맨발걷기를 했다. 발등으로 떨어지는 빗줄기와 흙길의 차가움이 합쳐지면서 시원함이 발등을 타고 온몸으로 퍼지기 시작했다. 뭔가 묵은 체증이 싹 내려가는 듯 속이 뻥 뚫리는 기분이 들었다. 물이 고여있는 곳에서 어린아이처럼 발로 물장난을 해보기도 했다. 이게 얼마만인가? 이렇게 재미있게 물장난을 쳐본 적이 없었다. 비바람에 옷은 다 젖어 있었지만 기분은 묘하게 좋았다. 숲속을 걷고 밖으로 나오며 딱딱한 시멘트 길도 맨발로 걸어 봤다. 고여있는 물에 담갔다가 나오기를 반복했다. 흙길과 시멘트 길의 느낌은 달랐지만 평생 잊지 못할 추억의 시간이 되었다. 신발을 신으려니 앉을 곳이 없어서 의자가 있는 곳까지 맨발로 한참을 걸었다. 지금도 그때 생각하면 가슴에서 희열이 느껴진다. 그래 나만의 속도로 천천히 가도 늦지 않으니 걱정 말라며 용기도 주고 스스로 잘할 수 있다고 다독여 봤다. 우산 속 빗소리는 투둑투둑 음악소리처럼 들렸고 그 느낌은 나의 감성을 건드렸다. 그날을 생각할 때 참 좋은 에너지를 얻게 된다. 비 오는 날 걷고 온 성취감은 나를 더 단단하게 만들어주는 변곡점이 되었다. 그다음 날도 비가 왔지만 어제에 비하면 아무것도 아니었다. 그 힘든 일을 해냈다는 자부심과 앞으로 어려움을 겪게 된다면 그 일을 생각하게 될 것 같다. 무엇을 하려고 한다면 목표를 정하고 끝까지 해보라고 말해주고 싶다. 실패를 할지언정 그 과정과 경험은 내가 해보지 않은 일이기 때문에 언젠가는 분명 유용하게 사용될 날이 올 거라고 믿어야만 한다.

하루의 시간은 누구에게나 똑같이 주어지는 선물이다. 지금 왜 무엇 때문에 하고 있는지 생각하고 질문을 반복하면서 흔들리는 마음을 스스로 잡아나아가야 한다. 쉽고 편리한 정보 홍수 속에 살며 유혹에 빠질 때가 있다. 지치고 힘들 때는 음악을 듣거나 영화를 보며 잠시 쉬어가는 타임은 분명히 필요하다. 욕심이 많아서 많은 것을 접하다 보면 번아웃이 온다. 몸과 마음을 다스리지 못하면 빨리 지치게 된다. 다시 일어날 때 오랜 시간이 소요된다. 스스로 속도 조절은 반드시 필요한 일이다.

티브이를 켜지 않으면 보지 않게 된다. 가장 힘든 건 나와 잠자는 시간 외에는 거의 한 몸이 되고 있는 핸드폰이 문제다. 필요한 정보를 검색할 때는 내 생각의 깊이를 논하지 않아도 편리한 정보를 바로 알 수 있게 해주는 고마운 존재는 맞다. 하지만 그놈의 이상한 물건 때문에 내가 해야 할 일을 방해하고 유혹의 손길에 이끌려 갈 때가 많다. 얼마 전부터 책을 볼 때 좀 멀리 떨어진 곳에 두거나 핸드폰을 뒤집어 놓는다.

꾸준히 하는 사람에게는 못 당한다는 말이 있다. 제일 쉬운 말인 것 같지만 꾸준히 매일 반복하는 것이 제일 힘든 일이다. 오늘 하루 내가 정한 루틴대로 살다 보면 성취감이 생긴다. 새벽 기상을 하고 나서 처음에는 계획이 없으니 책도 보다 유튜브 강의도 듣다가 자격증 공부도 했었다. 그냥 하고자 하는 일이 있으면 그냥 당장 해보라고 말해주고 싶다. 언제 해야지 언제 할 거야 계획만 잘 세우는 것은 아무 소용이 없다. 해봐야 자신에게 좋은지 나쁜지 알 수 있다고 실패하더라도 해본 것과 안 해본 것은 천지차이가 난다. 실패의 경험이 성공할 수 있는 능력을 길러주기 때문이다. 도전해 보고 충분히 잘해낼 수 있다는 긍정적인 생각을 하다 보면 그 방향으로 이끌어 주는 힘이 생긴다.

아들은 "엄마 아직도 새벽에 일찍 일어나세요."라고 물어본다. "그럼 당연하지." "글을 잘 써보려고 하니 엄마의 부족한 점을 알게 되었어." 독서에 집중하고자 새벽시간에 독서에 몰입 중이야. "그래서 김원배 작가님의 '미친 실행력'을 엄마도 따라서 해보려고 요즈음에는 새벽 4시에 일어나고 있어."

"정말요." 깜짝 놀란다.

살아가는데 지식과 지혜를 배울 수 있고 글속의 한 문장이 나의 마음을 움직일 수 있다면 책을 읽는 것 자체로도 삶의 영향을 충분히 줄 수 있다고 생각해. "실행에 옮기는 것 또한 중요해." '책을 가까이 두고 몇 장이라도 정해서 매일 읽는 습관을 만들어

가면 삶의 도움이 될 거야'라고 말해준다. 겸손하고 감사하는 마음으로 성실하게 사는 것이 나의 소망이다. 건강해야 행복할 수 있어 오늘도 걸을 것이고 내일도 걸을 것입니다.

06

나를 위한 시간을 가져라.

펭알

인생길 구비구비 힘들지 않은 시간들이 있었을까? 자라는 환경이 다르듯 각자의 삶의 시간도 모두 다르게 느껴질 것이다. 결혼 후에 나의 시간은 가족들을 위해 희생하는 시간이 많았다. 출산과 육아를 통해 아이들을 키워야 했고 남편과 함께 가게를 운영하면서는 나만의 시간을 보낼 여유를 가지지 못했다. 다람쥐 쳇바퀴 돌 듯 하루하루 전쟁 터를 오가듯 일만 했다. 나 자신을 돌아보지 않았다. 인생 위기가 오면서 삶을 돌아보고 반성하게 되는것 같다.

남편의 건강 때문에 삶의 위기를 겪으면 나는 삶의 시간을 다시 돌아보게 되었다. 바쁘게 시간 쫓기듯 달리다가 건강이 안 좋아지니 삶의 의미를 생각하게 된다. 나는 잘 살아왔는지, 앞으로 무엇으로 살 건지, 지금나는 괜찮은 건지? 나에게 질문하기 시작했다. 시간은 지체 없이 흘러간다, 내가 망설이다가 놓치는 것들이 많았다는 생각에 지금부터는 내 인생 무엇을 하면서 살아갈지 고민해 본다.

한때 잘나가던 시절이 있었다. 남편 사업이 잘 되어서 집도 장만하고 젊은 나이에 경제적으로 빠르게 안정을 찾았다. 물론 그러기까지 가족 모두가 힘든 시간을 이겨내야 했다. 아이들은 스스로 해결해 나가야 하는 과제들도 많았고 부모를 도와주는 일도 많이 했다. 나는 아이들과 함께하는 시간을 보내려고 애를 썼다. 퇴근 후 저녁운동이나 모임 같은 걸 하지 않았다. 해보니 아이들이 엄마를 찾고 그 시간이 아니면 함께 얘기할 시간이 부족했다. 일하는 중에 아이들이 전화가 오면 "엄마 언제 와?"라는 말을 제일 많이 했다. 부모의 손길이 필요한 시기라 해주지 못한 미안한 마음이 컸다. 아이들은 그렇게 자기의 환경을 받아들이고 잘 자랐다.

바쁘게 육아를 하며 가게 일도 해야 하고 정신없이 살았다. 그러다 남편이 쓰러지면서 가정의 위기가 왔다. 일도 무리하고 먹는 것도 부실했고 쉼도 없이 일하다 보니 몸에 이상이 생겼다. 정말 중요한 것 자기자신을 챙기지 못했다. 가족을 위해서 일만 하다가 저렇게 쓰러지고 나니 모든 게 무너지는 허망함이 밀려왔다. 아픔과 고통을 이겨내고 우리는 다시 삶을 살아갈 마음을 챙겨야 했다. 위기가 우리 삶의 방향과 남은 시간에 대해 생각하게 했다. 나도 스스로 경제적 독립을 준비해서 가장으로서 역할까지 해야 한다는 마음을 먹게 되었다. 남편의 무거운 짐을 내려놓게 하고싶고 어떤 위기가 와도 우리는 함께 헤쳐 나갈 것이다. 남편의 든든한 보호자 역할을 내가 할 것이고 남편과 남은 인생도 미루지 말고 할 수 있는 일은 꼭 해가면서 시간을 보낼 생각이다. 시간은 기다려주지 않고 흐른다. 다시 오지 않을 이 시간을 살아갈 것이다. 위기는 시간의 소중함을 알게 해 주었다.

내가 공부하기 시작하면서는 남편의 불만이 많아졌다. 자기 혼자 두고 매일 공부방에 들어가는 게 싫었던 것이다. 시간을 허투루 쓰고 싶지 않았던 나는 퇴근 후 무조건 책상에 앉는 시간이 많아 졌다. 나의 행복한 시간이다. 그러나 남편은 내가 무리한다고 생각해서 인지 자꾸만 쉬라고 하면서 내게 짜증을 내기도 한다.

남편은 건강을 잃고 나서는 주변 사람들 인간관계가 정리가 되었다. 모임에 술도 못 먹으니 자연스럽게 빠지게 되고 취미생활도 사람들과 함께 하지 못했다. 아프니까 포기해야 할 일상들이 많아지고 생활 패턴도 바뀐다. 건강을 잃으면 모든 걸 잃는다는 말이 실감났다. 안타깝고 슬프다. 그러나 또 살아가야 한다. 삶의 포기 란 없다. 나는 아픔을 겪고 나서 감사함을 배웠다. 고통을 이겨냈을 때 얻어지는 성장이 있다는 걸 체험하고 모든 게 감사했다. 평범한 일상도 그냥 생겨나는 게 아니었다. 남편이 열심히 일 한 덕분에 경제적으로 여유로웠다. 너무 감사할 일이었는데 가족들은 당연하다고 생각했었다. 당연한 게 아니었다. 남편의 희생이 있었기에 지금의 우리 자리가 있었다. 아프지 않았다면 좋았겠지 만 위기를 겪고 나서야 진정한 감사를 알아간다. 시간의 소중함을 알고 지금 현재에 최선을 다하며 하고 싶을 걸 미루지 말자. 할 수 있을 때 해야 후회를 덜 한다. 내가 무엇을 하고 싶은 지 악착같이 찾아보아야 한다. 위기, 두려움에서 진정한 가르침을 찾을 수 있다. 남과의 비교대신 자기 자신을 알아 가는 공부를 해나 간다. 자기공부가 된 사람은 의식적으로 긍정적인 생각을 하며 어려움이 와도 잘 이겨 낼 수 있다. 공부하는 시간은 혼자 있어도 외롭지 않았다. 나를 위한 시간을 하루 단5분이라도 가져라. 충분한 쉼도 필요한 세상이다. 나를 챙기자. 나도 계속 실행하려 노력 중이다. 공부하면서 내적인 힘을 키워가는데 노력을 더 많이 하게 되었다.

나를 위한 시간을 만들기 위해 새벽 기상을 시작했다. 모닝 미라클 챌린지를 1년 동안 완주하면서 자신감을 얻고 성취감도 생겨났다. 책도 읽고 필사도 하면서 알찬 시간을 보내고 있다. 일어나기 힘들어도 해냈을 때 그 뿌듯함은 해본 사람만이 알 수있다. 누구보다 자신을 알아가는 것이 중요하다는 걸 느꼈다. 삶의 중심의 내가 없으면 쉽게 좌절하고 억울하다는 생각을 많이 하게 된다. 시간없다 핑계를 누구의 탓이라고 말하지 말자.

내가 행복해야 내 주변도 행복해질 수 있다.

함께 한 시간속에서 나의 꿈이 시작되었다

제대로 철저하게 준비하는 자만이 기회를 잡는다.

이채원

인생은 살아가면서 예기치 못한 일들로 어려움을 겪게 된다. 평소에 준비하고 있으면 기회가 왔을 때 먼저 잡을 수 있다는 것을 체험하였다. 그 당시엔 소용없었지만, 관심 분야를 꾸준하게 배우고 자격증도 취득하면서 성장하였다. 주위에서 뭐라고 하여도 자격증 취득은 꾸준하게 해나갔다. 컴퓨터활용능력 2급 실기 시험에서는 몇 번의 불합격도 있었다. 특히, 제한경쟁 특별시험을 치를때도 나이 들어 힘든 공부를 왜 하느냐고 말했지만 응시하였다. 가장 생각나는 것은 시골집에 한참 마늘종을 뽑을 시기였다. 건강이 별로 좋지 않은 서울 막내 고모가 오셔서 일을 하고 계셨다. 나는 방에서 공부를 하고 있었는데 마음이 편칠 않아 나갈 수밖에 없었다. 그렇지만 극구 말렸다. 학창시절 농사일이 있어도 하지 않은 친구들이 많았다. 나는 늘 일을 했다. 학교 시험을 칠 때는 마음이 불편했지만 두 번인가 말 없이 일을 나가지 않을 때도 있었다.

아버지 형제분들은 우애도 좋지만, 조카 사랑하는 마음이 컸던 것 같다. 일을 마치고 대학도서관에서 저녁 늦게까지 공부를 하였는데, 잘 아는 얼굴들을 볼수 있었다. 많이 힘들었지만 같이 하면서 학교 다닐적에 이렇게 공부를 했으면 가고 싶은 대학에는 무조건 갔을거라는 이야기를 나누면서 서로 격려하고 버텨냈다. 시험에 합격했을때 얼마나 기뻤는지 모른다. 그리고 방송통신대학교에 편입해서 정보처리기사2급 자격증을 획득하고 졸업을 하였다.

막내를 낳고 휴직할 무렵 일반직전환 시험이 있을 때도 그랬다. 시댁 식구들은 힘들게 "왜 하느냐"고 말했다. 입시생보다 공부를 열심히 한다고 했다. 그 말에는 좀 서운하기도 하였다. 내가 하려는데 "무엇 때문에 걱정할까"라고 말이다. 담당자가 복직해야 시험기회가 주어진다고 했을 때는 아쉬웠지만 다음 기회를 기다렸다. 복직한 다음연도에 시험을 치르고 합격을 했다. 휴직 끝나갈 무렵 청소년명상지도사 시험이 있어 응시하여 합격했다. 그당시에는 "나에게 필요할까?"라고 생각했지만 지금 하고 싶은 일을 할 수가 있게 되었다. 도서관에서 배웠던 정리수납전문가도 교육받고 자격증 시험을 취득할 때는 두세 명이 응시했다. 정리수납을 배울 때는 실기를 하기 위해 우리 집을 선생님께 공개하

함께 한 시간속에서 나의 꿈이 시작되었다

고 컨설팅까지 받고 일부 정리정돈을 하였다. 이사를 하고 어디서부터 어떻게 해야 할지를 모르고 있을 때라 많은 도움이 되었다. 합격하고, 그 후로도 수납전문가 2급, 노인심리치료사 등을 취득했다. 시험만 치면 합격한다고 말해주는 상사도 있었다. 시험으로 들어오고 전환하는 과정을 거쳤으니까 그 누구보다 당당하고 자신만만했다. 동료들에게 기죽지도 않고 할 말은 제대로 하면서 말이다. 그런데 승진이 늦어져서 제자리걸음이 될 때는 속상하기도 했다.

부모의 공부하는 모습을 아이들도 보면서 배우고 자란다. 중학생이 된 막내와 대화를 할때면 훌쩍 커버린 느낌이 든다. 부모는 꿈을 펼칠수 있도록 곁에서 지켜보고 방향을 알려줄 뿐이다. 둘째 딸도 고3이 되다보니 공부하는 분위기로 바뀌었다. 평소에 같이 하던 시간도 이제는 그럴수 있는 상황이 아니다. 벌써 아들은 알아서 한다고 말할때는 서운한 마음이 들기도 한다. 부모로서 한 번씩 챙겨보고 있지만 그것 또한 잔소리로 들리는지 모르겠다. 운동을 해서 그런지 이전보다 공부시간이 줄어들어 한편으로는 걱정되기도 한다. 아이들과 소통을 하기 위한 공부도 할 것이 많다. 나 역시도 새로운 일을 위해 알아야 할것들이 산더미 같다.

중요한 것은 어떤 상황에서도 자기 자신을 잃지 않고 확실하게본래의 목표를 관철시켜 나가는 것 또한 나의 의지이다. 앞으로의 목표를 이루기 위해선 준비된 사람에게 행운도 찾아 올 것이다.

　나의 장점은 계획하고 준비해서 성실과 끈기로 임한다. 지금도 나의 길을 위해서 필요한 책을 읽고 글쓰기, 말하기, 명상, 요가 필라테스 등을 배우고 있다. 건강도 챙기고 쉼이 필요할때는 쉬어가며 꾸준히 계속하고 있다. 그만두고 싶은 마음이 들때가 있지만 끝까지 "하면 된다"라는 마음가짐이다. 나는 배우는 것을 좋아한다. 시간을 헛되이 보내는 것은 용납이 되지 않으며 뭐든지 해야 직성이 풀리는 성격을 가지고 있다.

　계획하고 준비하는 마음으로 살지 않았더라면 기회가 왔을 때 과연 잡을 수 있었을까? 자격이 없으면 진짜 할 수 있는 일도 하지 못했겠지. 마냥 놀기만 하고 평소 준비하지 않았다면 기회가 와도 잡지를 못해 차 떠나고 난 뒤 손 흔드는 격이 되었을 것이다. 늘 배우면서 준비를 하였기에 가능했다. 그렇게 살아서 건강관리를 제대로 하지 못한 것은 못내 아쉬움으로 남는다. 더 늦기 전에 건강부터 연금을 들어야야겠다. "동전의 양면과 같다"는 위기와 기회는 준비된 자만이 얻을 수 있다는 것을 살아오면서 몸소 느끼고 경험하였다.

미래세대에는 나만의 컨텐츠가 있어야 소통하며 살아갈수 있을 것 같다. 좀 더 철저하고 제대로 된 준비가 필요하다는 것을 피부로 느꼈다. 시작이 중요한데 자신감 없이 실전에 임하면 힘들어진다. 사회에 나가려고 하니 어설픈 준비로는 발걸음을 떼지 못할 것 같다. 퇴직 후의 좌절감은 크게 다가오는 것 같다. 전문가가 되기 위해서는 실력부터 기르고 시작하는 것이 스트레스도 덜 받고 즐겁게 일을 할 수 있다. "지금의 나는 준비가 얼마쯤 되어있을까?"라는 질문을 해본다. 아직 절반도 되어있지 않다. 명상한 지는 오래되었지만 제대로 집중을 해본 적이 없다. 직장을 다닐 때는 출퇴근 시간이 2시간이라 집에 오면 지쳐 밥을 먹고 온라인 수업을 듣다 잠잘 때도 있었다.

다양하게 배웠지만 복습하진 못했다. 쉼이 필요하다라고 느껴지면서 건강회복이 우선이라 생각하니 마음 또한 절실하지 않았던 것 같다. 그렇지만 시작은 했으니 시간이 걸리더라고 해 내야겠다고 마음먹었다. 하루하루가 나 자신과의 싸움이었다. 글쓰기와 말하기, 명상 시연을 할때면 마음대로 잘 되질 않아 계속할지를 고민했다.

나의 사랑하는 소중한 사람들이여!

인생을 살아오면서 절박했던 순간들도 있었다. 그렇지만 준비되어 있었기에 기회도 잡을수 있지 않았나 싶다. 힘들지 않게 앞으로 나아갈 수 있었고 지금의 내가 있다. 아리스토텔레스의 "시

작이 반입니다"라는 말도 있지 않는가? 원하는 것이 있으면 지금
바로 시작하는 용기를 가지라는 말을 해주고 싶다. 지금 이 순간
에도 부족한 부분을 채워나가며 살고 있다.

제 6장

함께한 시간 속에서
나는 무엇을
꿈꾸고 있는가?

01

세상을 배우러 떠나려 한다.

김원배

"이번 겨울 방학에는 어디 여행이라도 가십니까?"

"여행이요? 아직 계획 없습니다. 방학이 되면 저는 더 바쁘거든요."

남들은 방학이 되면 출근도 하지 않고 수업도 없으니 놀고 먹기 딱 좋을 것이라고 생각한다. 뭐 그렇게 보내는 사람들도 있을 것이다. 매년 1월 첫 주에 졸업식과 종업식을 하면서 2월 말까지 길고 긴 방학에 들어간다.

두 달 간의 쉼은 학생들에게는 성적을 올릴 수 있는 아주 좋은 기회이기도 하고 여행을 통해 세상을 배울 수 있는 시간이기도 하다. 나에게도 두 달간은 매우 흥미진진한 시간들이다.

방학에 들어가기 전 12월 쯤 광화문 교보문고를 자주 찾는다. 가장 핫하게 독자들의 사랑을 받았던 책들을 살펴보기도 하고 신간을 뒤적이면서 아이디어를 구상한다. 내가 집필 해야 할 주제의 방향성을 살펴보기 위해 서점과 도서관을 뒤적이면서 연말을 보낸다.

"선생님, 아니 작가님 어떻게 매년 한 권씩 책을 쓰세요?"

뭇 사람들은 묻는다. 10권의 책을 어떻게 썼는지 궁금해한다. 뭐 그냥 쓰다 보니 10권이 된 것이다.

"매일 매일 조금씩 쓰다 보니 그렇게 됐네요."

잠을 줄이면서까지 나는 무리하지는 않는다. 푹 자고 일어나서 상쾌한 기분으로 책을 읽고 글을 쓴다. 겨울 방학 기간 나에게는 책을 집필하기 좋은 시간들이다. 항상 방학은 나에게는 한 단계 성장할 수 있는 기회를 제공 해준다.

2022년 11월부터 진행된 글쓰기연구반이 결실을 맺기 위해 달려가고 있다. 매주 올라오는 글들을 읽으면서 흐트러지는 내 마음을 단단하게 다지는 계기도 됐다. 혼자 하기 보다는 함께 해 와서 즐겁고 행복했던 것 같다.

"아니 왜 그렇게 힘들게 살아요, 방학에는 좀 쉬지"

주변 지인들이 해주는 말이다. 그런데 나는 쉴 수가 없다. 자꾸 뭔가 하라고 생각이 꼬리를 물고 떠오른다.

지금 읽고 있는 책을 통해서 나는 세상을 배운다. 학창 시절 공부하는 방법도 몰랐고, 공부를 열심히 해도 성적이 오르지 않아서 학창 시절이 빨리 끝나기를 바랐던 적이 있다. 그 시절의 좋은 기억은 하나도 없고 나는 벗어나고 싶었다. 왜 벗어나고 싶었을까? 그 당시의 마음을 지금은 알 수 없다. 학창시절 겨울 방학은 나 혼자만의 상상 속에서 살았다. 부모님은 사랑방에서 가마니를 만들고 계셨고, 나는 방안에 누워서 천장만 바라봤다. 그 당시에는 저녁6시는 되어야 텔레비전 방송이 시작됐다. 하루 종일 친구들과 놀기 보다는 방안에서 천장을 바라보며 상상속으로 빠져 들어 가면서 길고 긴 방학을 보냈다. 지금처럼 24시간 방송이 흘러 나왔다면 하루 종일 텔레비전 속으로 들어갔을지도 모른다.

부모님은 친구들과 놀지 않고 방에만 있는 나에게 아무 말도 하지 않으셨다. 친구들은 학교 끝나고 집에 오면 저녁 먹고 바로 들판이나 친구 집에 모여서 늦은 밤까지 라디오 음악을 들으며 청춘을 즐겼다. 지금처럼 학원을 다녀야 하는 시절도 아니었기에 자연과 벗하면서 라디오에서 흘러 나오는 음악 소리에 심취해 있던 시절이다. 나는 그당시 청춘들이 하는 활동에 관심이 없었다. 축구 하는 것 이외는 전혀 참여도 하지 않았고, 내가 살던 동네를 벗어나지도 않았다. 지금도 나는 음악과 미술에는 전혀 관심도 없다. 요즘에서 공연이나 전시회를 찾기는 하지만 그다지 좋아하지는 않는다. 학교 끝나고 방과후나 방학이면 나는 집 밖의 세상에는 관심 없고 오직 방안에서 나만의 세상을 만들면서 살았다.

함께 한 시간속에서 나의 꿈이 시작되었다

"이번 겨울 방학에 뭐하세요?"

방학하는 날 동료 샘이 묻는다.

"이번 겨울에는 두 권의 책을 집필할 계획입니다."

겨울 방학동안 집필할 책 주제는 이미 정해졌다. 학생들을 위한 진로와 학습 관련 책을 집필에 몰입할 예정이다. 아마도 방학 내내 출근할지도 모른다. 진로창체부장으로 할 일도 많기 때문이다. 나는 학교에서도 쉼 없이 일한다. 온라인에서는 블로그운영, 인스타그램, 페이스북 등에서 자주 자료를 올린다. 온라인 활동에 대해서 학교 선생님들은 모른다. 어느 날, 페이스북 친구인 서샘이 묻는다. "부장님 항상 바쁘세요, 그 많은 일들을 언제 다하시는 거에요"

나는 하는 일이 많기도 하지만 일을 찾아다니면서 하는 경우도 많다. 책 속에서 알게 된 아이디어나 주변 사람들과 만남에서 들었던 이야기들을 직접 경험해보고 실천해보니까 하는 일이 많을 수밖에 없다. 가끔은 스트레스가 쌓이기도 한다. 그럴때는 아무것도 하지 않고 멍하니 누워서 넷플리스 영화를 서너편 본다. 학창시절 방바닥에 누어서 천장을 바라보면 길고 긴 방학을 보냈듯이 생각없이 멍한 상태로 장시간 있다보면 복잡했던 머릿속이 말끔해진다.

하루 중 나에게 주어진 일에 최선을 다할 때 내 꿈이 보인다. 아무것도 하지 않으면 아무 일도 일어나지 않는다. 세상에 나왔으면 뭔가 즐겁게 흔적을 남겨야 된다는 것이 내 생각이다. 내가 세상에 나온 이유는 분명 있을 것이다. 그 이유를 망각해서는 안 된다. 교사라서 방학이 있어서 좋겠다고? 나는 절대 아니다. 학기 중 보다 더 바쁘게 세상을 배우는 중이다. 오늘 내가 한 일들이 내일에는 또 다른 나의 콘텐츠가 되는 것이다. 그 세상을 만들기 위해 오늘도 나는 새벽 3시에 일어나서 공부중이다. 세상이 꽁꽁 얼어붙는 추위가 와도 나의 방은 훈훈한 아이디어들로 가득 차 있다. 그것들을 하나씩 이뤄가면서 이 추운 겨울을 보낸다.

4차산업혁명시대에 살고 있는 지금은 나만의 이야기가 필요한 시기다. 다른 사람이 만들어놓은 소비자로서의 삶이 아니라, 내가 스스로 생각해서 만들어놓은 삶 속으로 들어가야 한다. 자신이 하고 싶은 일을 주도하며 살아가는 삶을 살기 위해 오늘도 책을 읽고 글을 쓰고 트레킹을 하면서 에너지를 보충하고 있다.

2019년 6월 나의 개인 책이 처음으로 발간되고 출간기념회를 서울시민청 지하에서 많은 지인들을 모시고 행사를 했다. 인사말에서 "매년 한 권씩 집필하겠습니다." 라고 선언했다. 행사가 끝나고 동료교사가 한마디 했다. "쓸 얘기가 또 있겠어요", 집으로 돌아와서 아내도 한 마디 했다. "여보, 매년 한 권이 가능하겠어" 아마도 그날 참여해준 분들의 생각도 '설마'였을 것이다. 2017년부터 매년 공저 포함 한 권씩 책이 출간되고 있다. 내가 선언한

함께 한 시간속에서 나의 꿈이 시작되었다

것을 지키고 있다. 매년 책을 쓴다는 것은 새로운 아이디어와 주제가 나와야 하는 것이다. 매일 아침 독서활동이 글쓸 소재를 제공해주고 있다.

아내도 우려했지만 결국 나는 해내고 있는 것이다. 남들에게 보여주고자 하는 것이 아니라 나만의 콘텐츠로 나만의 세상을 만들어가고 있는 것이다.

아침시간 독서와 글을 쓰면서 나는 항상 생각한다. '무엇을 위해 살고 있는가', '그것을 왜 하려고 하는가', '내가 이루려는 것은 무엇인가' 이 질문 속에서 나를 발견하고 나를 성장시킨다. 성공적인 삶을 사는 비결은 위 세가지 질문에 스스로 답을 찾아보는 것이다. 그리고 자신의 미래 꿈을 시각화하는 것이다. 5년 후, 10년 후 나의 모습과 내가 하는 일들을 머릿속으로 그려본다. 미래에 성공한 자신의 모습을 구체적으로 생생하게 상상하고 그 꿈들을 적어서 간직해야 한다.

토마스 에디슨은 "천재란 자신에게 주어진 일을 하는 재능있는 사람일뿐이다"라고 말한다. 오십 중반이지만 창의적인 생각을 하고 편안한 자리에 눌러앉기를 거부하고 끊임없이 배우고 익히는 것이다. 노력하는 자를 누구도 이길 수 없다. 오늘도 새벽에 일어나서 글과 책 속에서 나를 찾아 여행을 떠난다.

02

우리를 찾아가는 컨텐츠 세상 여행

나컨세

2022년 4월 15일은 〈나컨세 힐림캠프〉가 공식적으로 시작되는 첫날이었다. '쉼도 필요한 세상! 나를 위한 1가지 질문!!'. 11일 동안 11개의 질문을 '나'에게 던지며 생각해 보는 시간이었다. Zoom(온라인 화상회의)에서 시작된 나의 첫 마디, 잠시 그때로 돌아가 보려 한다.

"안녕하세요? 나컨세힐링캠프, 나를 위한 1가지 질문에 나컨세입니다."

"항상 무언가 분주하게 살아가는 일상 속에서, 나는 누구로 살아가고 있고, 나는 무엇을 위해 향해 가고 있으며, 나를 위해 무엇을 하고, 할 수 있는지 생각해 보는 시간! 저 나컨세와 함께 지금부터 그 여행을 시작해 보려 합니다."

함께 한 시간속에서 나의 꿈이 시작되었다

멘트를 하는 내내 설렘과 떨림이 고스란히 느껴졌던 시간, 아직도 내 손과 머리가 기억을 하고 있다. 대망의 나의 첫 번째 질문은 "여러분은 하루 중 오롯이 '자신을 만나는 시간'을 가지시나요?"였다. 힐링캠프를 하면서 던진 질문들은 사실 나를 향했던 질문들이었다. 40대 초반에 다시 한번 사춘기를 겪으며 내 마음을 이해해 보고자 시작된 몸부림이었다. 나를 위한 1가지 질문은 1~2분 남짓의 영상을 시청 후 각자가 느낀 생각과 질문에 대해서 이야기를 하는 프로그램이다. 무슨 자신감이었는지 영상 속 스크립트를 내 목소리에 입혀 잔잔한 음악과 함께 내레이션이 시작이 된다.

"여러분은 하루 중 오롯이 '자신을 만나는 시간'을 가지시나요? 저는 출근 시간을 조금 일찍 바꾸면서 지하철 이동 시에 잠시 명상을 합니다. 한 5분 정도가 적당합니다. 조금 더 하면 명상이 아닌 졸음으로 내릴 정거장을 놓치는 불상사가 있습니다. 명상을 하고 나면 왠지 모를 따뜻한 감정이 저를 감싸는 느낌이 들었고 회사에 도착해서 업무를 하기 전 조금 여유가 생기는 기분으로 하루를 시작하게 되더라고요. 이미 이런 시간을 가지시는 분들이 계시다면 너무나 칭찬해 드립니다. 만약 아직 안하고 계신다면 오늘 한번쯤은 오늘한번은 나를 만나는 5분의 시간을 내어주시는 건 어떨까요?"

당시 썼던 스크립트 그대로의 내용이다. 이 글을 쓰면서 다시 그때의 영상도 틀어보았다. 내레이션을 하는 내 목소리가 왜이리 어색하게 들리는지 지금 다시 한다면 조금은 더 잘할 수 있지 않을까 생각을 해보게 된다. 몇 번을 다시 틀어보면서 영상 속에 사진, 음악, 멘트, 자막처리 등 2분의 영상을 만들기 위해 꼬박 2일을 준비하던 과정들이 머릿속을 스쳐 지나갔다. 지금은 엉성하게 들리는 내레이션이지만 그때는 수십 번의 녹음을 하면서 가장 괜찮은 것을 선택한 것이었다. 지금이라면 그리 오래 걸리지 않을 작업이겠지만 당시는 모든 게 서툰 시간들이었다. 서툰 시간 속에서도 함께 이야기를 하면서 또 들으면서 서로가 위안이 되고 위로가 되는 시간들로 채워지기 시작했었다. 그때는 미쳐 알지 못했다. 나의 이 시작이 지금까지도 연결이 되고 소중한 인연으로 서로에게 힘이 되고 있다는 사실을 말이다. 이때부터 밀고 있는 나의 공식 멘트인 "오늘도 나를 위한 5분의 시간을 꼭 챙기세요!!" 이 글을 읽고 계시는 당신에게도 질문을 해보려 한다. "오늘 당신만을 위한 5분의 시간을 오로시 가져 보셨나요?"

〈나컨세힐링캠프〉를 진행하면서 정말 다양한 일들이 많았었다. 생판 모르는 사람들 사이에서 그것도 오프라인이 아닌 온라인에서 자신의 이야기를 한다는 건 결코 쉬운 일이 아닐 것이다. 많은 생각과 용기가 필요한 일이다. 처음에는 본인의 얼굴을 보이기 싫어하시는 분, 자신의 이야기를 해야 하지만 한동안은 아

함께 한 시간속에서 나의 꿈이 시작되었다

무런 말씀을 하지 않으셨던 분, 또 담백하게 이야기를 시작하셨던 분 등 많은 분들과 함께한 시간이었다.

〈나를 위한 질문 1가지〉의 매력 포인트를 꼽으라면 자연스럽게 함께 하는 분들과 스며드는 힘이라고 말하고 싶다. 처음에는 얼굴을 보이는 것도 이야기를 하는 것도 꺼려 하셨던 분들이 차츰 회차를 거듭하면서 이쁜 얼굴들을 보여 주셨고 이분이 이렇게까지 말씀을 잘 하셨던 분인가 할 정도로 이야기를 너무 재미있게 이끌어 주시기도 했었다. 새벽 5시에 시작되는 프로그램이다 보니 잠이 덜 깬 상태로 눈곱 낀 맨 얼굴로 서로 인사를 하다 보니 더욱 다른 사람들은 모를 정의 힘이 쌓인 게 아닐까 싶기도 하다.

어른이 되면서 또 나이가 찰 수록 내 속 이야기를 할 수 있는 공간은 점점 좁아지게 된다. 아무리 친한 친구라 할지라도 아무리 편한 가족이라 할지라도 진짜 속내를 말하는 건 어려운 일이다. 인생을 살면서 이런 이야기를 할 수 있고 들어 줄 수 있는 1명의 사람이라도 있다면 얼마나 좋을까. 또 그런 공간이 있다면 바랄 게 없을 것이다. 〈나컨세힐링캠프〉가 그런 공간이 되기를 바랐었다. 아주 속 깊은 이야기를 하지는 못할지라도 조금이라도 내 이야기를 하면서 즐겁게 웃기도 하고 때론 울기도 할 수 있는 작은 쉼터가 되었으면 했다. 함께했던 시간들의 힘으로 일상을 살아가는데 조금은 도움이 되기를 바라서였다. 나 또한 미쳐 내가 생각하지 못했던 삶의 진솔한 이야기를 들으면서 인생을 어떻게 살아가야 하는지를 배우는 시간이기도 했었다. 이 시간들이 디딤돌이 되었기에 주저 앉고 싶고 흔들리는 시간 속에서도 '나컨세'로 꿋꿋하게 살아갈 수 있었다고 함께해 주셨던 분들께 꼭 이야기를 전하고 싶다.

"나컨세 힐링캠프로 만났던 모든 분들께 이 글을 빌려 인사를 드립니다. 함께해 주셔서 너무 감사했고 여러분에게도 버거운 시간이 왔을 때 자신을 다독일 수 있는 힘의 시간이 조금이라도 되셨기를 바랍니다. 정말 사랑하고 존경합니다. 감사합니다."

〈나컨세힐링캠프〉는 조금 더 성장한 다른 모습들로 다시 만나게 될 것이다.

2023년에 인스타그램 라이브 방송으로 한차례 변화를 시도했었다. 월요일부터 일요일까지 매일 다른 주제로 약 30분 동안 '나를 깨우는 시간'을 가져 보았다. 새벽 4시 30분에 진행을 해서 많은 분들이 실시간으로 참여를 하실 수는 없었지만 라이브방송을 업로드 해놨기에 방송이 끝나고도 그 이야기를 들어주시는 분들이 있어 나또한 힘을 낼 수 있었다. 매주 일요일에는 Zoom(온라인 화상회의)으로 1개의 질문에 대해 깊은 우리들의 이야기를 하기도 했었다. 코로나가 끝난 지금은 또 하나의 목표를 계획 중이다. 오프라인으로 '나컨세토크'를 진행해 보고 싶다. 질문을 시작으로 편하게 이야기할 수 있는 시간, 나를 돌아보며 생각해 볼 수

함께 한 시간속에서 나의 꿈이 시작되었다

있는 시간들을 만들고 싶다.

'나컨세(나를 찾아가는 컨텐츠 세상여행)'는 나만이 아닌 우리 모두 각자의 인생을 나컨세로 살아갔으면 하는 바램에서 시작된 브랜이기도 하다. '나를 진정으로 찾아가기 위한 세상 여행', '내가 정말 하고 싶은 일, 꿈, 목표들로 나만의 콘텐츠를 만들어가기 위한 세상 여행', 바로 이것이 나와 함께하는 분들과 꿈꾸는 세상 여행이다. 2년이 지난 현재 우리는 각자의 자리에서 최선을 다하는 삶을 살아가고 있다. 새로운 제2, 3의 인생을 꿈꾸며 도전하시는 분, 가족의 아픔으로 힘든 시간을 보내고 있지만 그 시간에서도 '나'를 지키며 더욱 행복을 찾고자 하시는 분, 새로운 것들로 자신의 결과물을 만들어 내시는 분, 쉼의 힘을 빌려 나를 다독이고 계신분.

함께 한 시간속에서 우리는 각자 또 같이 인생의 여정을 재미있고 행복하게 꾸려 나가는 중이다. 계속해서 우리는 멋지게 세상 여행을 할 것이다.

03

나는 딸의 영원한 빅팬이다.

하랑

토요일 저녁 8시가 되어서야 집으로 돌아온 초5 딸아이는 얼굴에 피곤이 역력했다.

"놀이터에서 친구들과 뭐 하고 놀았어?"
"응 숨바꼭질. 그런데 피곤해"
딸아이는 소파에 벌러덩 누웠다. 그 순간 놀이터에서 기분 않좋은 일이 있었구나 직감했다.

누구랑 함께 놀았냐고 물어보니, 나도 알고 있는 아이들 3명의 이름을 대었다.
나의 딸이 최근에 친구 A로 인해서 스트레스를 받았고 나도 함께 흉을 봤던 터라 좀 더 자세히 물어보았다.

함께 한 시간속에서 나의 꿈이 시작되었다

"A가 또 불편하게 했어?"

"응. 내가 달리기가 느리잖아. 그런데 A는 내가 잡으면 왜 자기를 잡냐고 뭐라고 해"

나는 의도적으로 딸을 두둔했다.

"A는 도대체 왜 그런데? 숨바꼭질이 사람 찾아서 잡는 게임인데 자기만은 잡지 말라니? 말이야 방귀야? 걔, 진짜 웃긴 애네"
엄마가 마음을 알아줘서일까, 놀이터부터 참아왔던 속마음이 터져버렸다. 서러움이 가득 담긴 눈물을 쏟아냈다.

"엄마. 나 속상해. 놀이터에서 숨바꼭질하거나 뛰어다니는 거 재미없어. 그런데 A가 자꾸 그런 게임만 하자고 해. 그것도 길게 말이야."
딸아이의 눈물을 보니 나 역시 마음이 아려 왔다.

"나랑 놀 때는 계속 숨바꼭질만 하더니 내가 집에 가겠다고 하니깐, 그제서야 앉아서 하는 '아이엠그라운드' 게임을 하는 거야. 그래서 더 속상했어."

"에고, 너는 숨바꼭질하기 싫었구나. 그런데 길게 하니깐 더 힘들었구나. 다른 게임을 하자고 말해 봤어?"

"말했는데도 A가 계속 숨바꼭질만 했어. 그래서 나도 화가 나서 집에 가겠다고 말하고 온 거야"

"그래그래 잘했어. 집에 잘 왔어."

『여자의 뇌, 여자의 발견』의 저자 루안 브리젠딘은 '여자 뇌는 언어를 순발력 있게 구사하는 능력, 우정을 깊고 진지하게 유지하는 능력, 갈등과 분쟁을 조정하고 화해시키는 능력을 갖추고 있다. 또한 상대의 표정이나 목소리만으로도 심리 상태를 짐작할 수 있는 능력들은 여자들이 태어날 때부터 이미 지니고 있는 것들로써 여자의 뇌에 확실히 프로그래밍돼 있다.'라고 말했다. 내 딸 역시도 커가는 과정을 겪고 있다.

몇 주 전에 A의 엄마와 치킨집에서 맥주를 마신 적이 있다. 그 자리에는 오늘 숨바꼭질을 함께했던 친구 B의 엄마도 있었다. 처음 만나는 자리였지만, 엄마들끼리는 즐겁게 대화를 나누었다. 엄마들 테이블 옆에 아이들 테이블도 마련되어 있었고 엄마들은 대화를 나누면서 아이들을 지켜볼 수 있었다.

아이들은 치킨을 먹으면서 수시로 가게 안 과 밖을 왔다갔다 했고 가끔은 우리 테이블을 에워싸며 조잘조잘 떠들어 댔다. 그 때 나는 처음으로 또래 친구들 사이에 있는 우리 딸의 모습을 객관적으로 볼 수 있었다. 내 딸이 적정한 타이밍에 끼어 들어 말을 해야 하는데 그러질 못했다. 본인이 하고 싶은 말이 있어도 친구가 말하고 있으니, 중간에 못 끊는듯했고 자연스레 끼어들며 말

함께 한 시간속에서 나의 꿈이 시작되었다

을 하는 방법을 모르는 듯했다. 이것 또한 갈등을 피하려고 하는 10대 소녀의 특성일 것이다.

루안 브리젠딘의 『여자의 뇌, 여자의 발견』에서 '여자가 다른 사람과의 관계와 커뮤니케이션을 중시하고, 정서적인 반응에 예민하며 감수성이 뛰어난 것은 뇌 구조 때문이다' 라고 했다. 딸의 행동과 말이 더 이해되었다.

내가 일부러 딸 친구들 대화에 살짝 끼어들면서 자연스레 딸에게 말 할 기회를 만들어 줬더니 그제야 딸이 편안하게 말했다. A는 말하는 데 있어서 거침이 없어 보였고 주도성도 강했다.

그날 모임이 끝나고, 집으로 돌아오는 길에 딸이 나에게 물었다.

"엄마, 오늘 내 친구들 보니깐 어때?"
"A는 좀 자기 위주더라. 친구 B는 어떠니?"
"B는 나에게 친절하고 잘 대해줘. A는 잘난 척을 많이 해서 가끔 짜증이 나"
"그렇지. 잘난척하는 애를 좋아하는 사람들은 없지"
"A가 너한테 자주 놀자고 하잖아. 보통 뭐 하고 놀아?"
"응. 이대역 근처에 가서 인생 네 컷 사진도 찍고 노래방도 가고 마라탕도 먹어"

"A네 집에 가서도 종종 놀잖아. 가서는 뭐 하고 놀아?"

"나는 밖에서 놀고 싶은데, A가 자꾸 자기 집으로 오라고 해"

10대 소녀인 딸 역시 관계를 망치지 않으면서 원하는 바를 상대방에게 어떻게 말해야 하는지 모르는 것 같았다.

"진아, 아까 대화 할 때 보니깐 네가 친구들 배려하느라 정작 말할 타이밍을 놓치는 것 같던데."

"응 맞아. 말할 때 누가 내 말을 끊는 게 싫어. 그래서 나도 친구들 말할 때 안 끊으려고 하는데 A는 내 말을 자꾸 끊어. 그래서 기분이 나빠"

"A한테 말 끊지 말라고 말해봤어?"

"응. 말했는데, 그 뒤로도 자주 끊더라고 ㅠㅠ"

딸아이의 이야기를 들으니 마음이 짠해 옴과 동시에 직장맘의 죄책감이 스멀스멀 올라왔다. 일에 치중하여 살아온 나에 대한 죄책감과 딸과 많은 시간을 보내지 못한 것에 대한 안타까움이 몰려왔다

'나의 불편한 감정을 상대방이 이해하도록 말하는 방법을 우리 딸도 익혀야 할텐데…' 라는 생각이 들었다. 24년 1월부터 매월 딸과 1:1 데이트를 하고 있다. 1월에는 종로구 익선동에 가서 초밥을 먹고 햇살이 예쁘게 내리쬐는 카페에 앉아 차를 마시면서

도란도란 이야기를 나눴다. 버스를 타고 차창 밖으로 보이는 풍경을 보면서 아이돌 그룹, 세븐틴 이야기도 하면서 깔깔 웃었다. 12살의 딸은 어느 덧 나의 친구가 되어 있었다.

2월에는 백화점 중식당에 가서 짜장면, 크림새우와 멘보샤를 먹었다. 딸아이의 옷을 몇 벌 사고 백화점에 특별 전시된 그림도 보면서 즐겁게 보냈다. 데이트의 마지막 코스는 시끄럽지만 활기찬 스타벅스였다.

"이번 달 1 : 1 데이트 어땠어?"
"좋았어. 옷도 사고 크림새우도 너무 맛있었어"
자연스레 친구 A 이야기가 다시 나왔고, 나는 이때다 싶어서말했다.

"진이야. 네가 더 어렸을 때 엄마가 신경을 쓰고 시간을 더많이 보냈어야 했는데 일하느라고 많이 못 챙긴 것 같아서 미안해."

"엥? 아닌데. 나는 엄마한테 챙김을 받고 있는데. 오늘도 봐봐. 이렇게 맛있는 것도 먹고 쇼핑도 하고 차도 마시잖아."

딸이 언제 이렇게 컸나 싶어서 뭉클했다.
10대 사춘기를 지나서 연애하고 결혼해서 나중에는 아이도 낳겠지. 진이가 앞으로 어떻게 커갈지 엄마는 매우 궁금하단다. 매 순간 엄마가 옆에 있어 줄게. 엄마는 진이의 빅팬이란다.

진이야, 항상 기억하렴.
너는 지금도 충분히 빛나는 존재란다.

04

내가 하고 싶은 버킷리스트

김예서

"마음을 채우는 무료 밥집"을 운영하는 것이 나의 마지막 꿈이다.

대학 동아리에서 선배 후배들과 농촌봉사대에 가입해 여름방학이면 시골에가서 농사일을 돕기도 하고 고아원에 찾아가 어린 아이들을 씻겨주고 돌봐주기도 했었다. 한때는 미용기술을 배워서 머리를 잘라주는 봉사도 했었다. 결혼을 하고 생활이 어려워지면서 봉사는 잊어버렸다. 급박하게 변하는 세상속에 빈곤한 사람에겐 사치스런 일처럼 느끼며 살았다. 요리를 하면서 젊은날에 쏟아부었던 봉사가 문득 생각이 났다. '내가 가지고 있는 기술을 어려운 사람에게 나누면 얼마나 좋을까'?

어느날 여고동창인 희숙이가 자신이 담았다며 "요리하는 너에게 꼭 필요한 것"이라며 된장과 간장을 보내주었다. 장맛은 아주 좋았다. 장맛에 빠져 있었던 터라 그 맛이 최고임을 알게 되어 희숙이에게 물었다 "희숙아 너 된장 어떻게 만들었니"?. "응, 아주 쉬워", "메주 사서 래시피대로 만들면 돼", "어디서 메주를 샀는데"라고 물었더니 "알알이 식품회사에서 판매해", "거기에 래시피도 다 있어", "너도 사서 한번 만들어봐"라고 말한다.

"그렇게 쉽다고" '나도 한번 사서 만들어 봐야지'.

메주를 주문하자 택배 상자가 도착했다.

택배 상자속엔 알메주와 소금, 박아지, 하얀 망사주머니, 마른 홍고추 3개와 숯 3개가 담겨진 한꾸러미였다. 알알이 메주콩을 담은 비닐포장에 만드는법이 물의 양과 소금의 양, 메주의 양까지 아주 정확하고 상세하게 설명이 되어 있어서, 된장 담을 줄 모르는 사람도 래시피 대로 만들면 맛있는 '된장이 된다'라고 한다. 나 역시 신들린 사람처럼 알알이 식품의 레시피대로 따라서 말들었다.

장가르기하는 날은 '말' 날 하는 것이 가장 맛있다고들 한다. 지금도 장을 담는 사람들 중에는 옛날부터 내려온 전통 방식을 따라 하시는 분들도 계신다. 그 말을 믿었던 터라 나 역시 말날 장을 가르며 된장과 간장이 맛을 보니 너무 맛있었다. 된장은 발효가 될질 않아 메주 냄새는 났지만 숙성되면 메주의 날 냄새도 사라진다. 6개월정도 발효 시킨 후 장독을 열어보니 황금 빛깔의 된장이 숙성되어 향도 좋고 색상도 좋았다. 맛을 보니 그 맛은 어떤 된장에도 비교할수 없을 정도로 훌륭한 맛이었다. 옳다, 이거로구나~~이 회사와 조인을 해야 겠구나, 손쉽게 만들 수 있고 맛있는 된장을 만들어서 먹을수 있다면, 기존 콩껍질로 만들 장과는 비교 할수 없는 건강한 전통한식장을 맛볼수 있겠구나.

희숙이에게 그곳과 조인을 해야겠다고 말을 하니 본인이 영업본부장으로 활동을 하고 있다며 알알이 식품은 4대째 내려오는 정통 한식 장을 만들어 내는 곳이라 덧붙였다.

소개 받은 사장은 사업 초년생이었지만. 열정이 넘치는 젊은이라 함께 일하고 싶은 생각이 들었다. 젊은 사장과 희숙이 나, 셋은 의기투합해서, 메뉴 개발등 여러 가지 많은 시도를 했다. 내가 만든 맛있는 장을 어떻게 하면 많은 사람들과 나눌까?

가르치자, 먹여보자. 전통 한식장을 전파하자! 사먹는 것은 한 번이지만 가르치면 그들이 계속해서 만들어 먹을 수가 있지 않은가? 그러나 그것도 시행착오 였다.

젊은이들은 만들어 먹는 것을 두려워했다.

바쁘기도 하지만 마트에서 판매하는 장맛에 익숙해져서 깊은 맛이 나는 한식 된장은 잘 먹지를 않았다. 그럼 이 맛있는 장을 어떻게 먹일수가 있을까?. 집안에 갖혀있는 장독에 장맛을 도대체 어떻게 맛을 보일수가 있을까 고민했다. 고민을 하면 할수록 풀어야 할 숙제가 점점 많아졌다. 가장 큰 문제는 장을 만들 공간이 필요하고 장독을 놓을 만한 장소를 만들기 위해서는 땅을 사야 할수 있는 일이라 백방으로 알아봤지만 땅값은 턱없이 비싸서 엄두를 내지 못하고 포기하고 있었다.

작은 것부터 시작하자.

연구소를 만드는 일은 힘들지만 된장을 먹이는 일을 먼저해보자. 순서가 바뀐다고 달라질 것은 없다. 고민 중에 무료 밥집을 생각하게 되었다. 무료로 밥과 된장찌개 하나 끓이고 맛있게 담근 김치나 무 생채를 내놓을 궁리를 해봤다.

밥을 먹고 된장찌개를 맛본 사람들에게 된장을 구매하거나 장 담는법을 가르치자.

막연한 꿈과 같은 생각이 실현되는 것은 어려운 일이었다.

꿈을 안고 언제 듣지 출발할 자세가 되어 있었지만 실현 가능성은 희박한 상태였다.

우연히 함께 공부하던 학우가 행복나눔봉사회를 운영하는 단장이라며 오프라인 강의장을 무료 개방, 참석할 사람들을 모았다.

"서울역" 행복나눔봉사회 사무실을 서울역 근처 벽산 빌딩 옆에 있었다.

아~내가 젊었던 시절 이곳 벽산 빌딩은 3년이나 근무했던 곳으로 젊은날의 기억이 새록새록 떠올랐다. 그때에 비교하면 주변에 너무 많은 고층건물이 세워졌서 젊은 시절의 화려한 벽산 빌딩은 30년이 지났어도 그 모습은 당당하기 까지 했다. 서울역에

함께 한 시간속에서 나의 꿈이 시작되었다

스터디가 있는 날은 왠지 기분이 좋아졌다. 기분이 좋으니 모든 것이 다 좋아보였고 젊은날 봉사했던 일들이 또 연결이 되나 하는 생각도 들었다.

흰눈이 펑펑 내린 크리스마스 이브 시간이 되어 봉사회에 참여하게 되었다.

현장에 도착하니 이미 먼저 도착한 사람들과 합류해서 공원에 눈을 쓸러 갔다. '공원에 눈을 쓰는 일도 봉사구나' 크리스마스라서 공원에서 예배를 드린다고 한다

깨끗하게 눈을 치우니 사람들 다니기가 좋았다. 공원에 나와 있는 어르신들은 무표정하게 바라보고만 있었다. 큰소리로 인사를 드려도 무표정하게 바라만 본다.

나이가 들면 얼굴의 표정도 굳어지는 것을 알고 있었지만 조금은 무섭게 느껴졌다.

점심을 먹고 청소 봉사할 지정한 집은 들어가는 입구도 좁고, 온기라곤 찾아 볼수 없었다.

좁고, 어두운 공간, 곰팡이 냄새와 사람이 사는곳이라 생각하기엔 너무 좁고 음습한 공간이다. 실내에는 페인트는 들떠서 너덜거리고 시멘트는 삭아 철근도 보이고, 곧 떨어져것만 같았다. 이런곳에 사람이 살고 있다. 여기서 살면 건강한 사람도 병이 날 것만 같았다. 젊은 사람들도 살기가 힘들 것 같은 공간이다. 이런 곳에 나이든 어르신들이 살고 계신다니, 방문을 열어보지 않았지

만 복도가 중앙에 있고 양쪽이 모두 방이다 방문하나가 한집인듯 하다. 복도를 중심으로 너저분한 페인트를 긁어 내기 시작했다. 끝을 긴 봉에 달아 긁어 내면 우수수 떨어진다. 바닥에 떨어진 페인트 조각들을 청소하고 페인트 칠은 다음날 하기로 하고 헤어졌다. 그 이튿날 나는 또 페인트 봉사를 하려고 서울역에 갔다 어제 쓸어 놓은 공원은 밤새 온 눈에 하얀 옷으로 갈아 입었다. 흰옷으로 입은 옷을 벗겨 내야 한다.

눈을 쓸어 놓으니 교회에서 봉사하러 오신분들이 분주하게 의자도 가져다 놓고 예배드릴 준비를 하고 있다. 우린 어제 페인트를 털어 놓은 집에 페인트를 칠해야 한다. 페인트 가게에서 페인트와 붓, 로울러, 페인트를 나눠 담을 통을 샀다. 페인트를 칠하기 위해 조금씩 나누어 페인트 칠을 시작했다. 1층부터 4층까지 다닥 다닥 붙은 문 사이를 페인트를 흰색으로 칠하기 시작했다. 인원이 많다 보니 시작한지 얼마 되지 않아 끝이 났다.

전날 허름한 집은 어디 가고 하얀옷을 입은 하얀집이 탄생되었다. 페인트를 다 칠하고 기념 촬영을 하는데 눈물이 핑돌았다. 허름한 집이 새집처럼 한껏 몸 자랑을 하고 있는 듯 했다. 나의 작은 힘이 이런 변화를 일으키는구나. 앞으로 자주 참석해서 봉사를 해야 겠다. 봉사를 마치고 집으로 돌아오는 버스안에서 몸이 힘들고 지쳐 있지만 기분은 최고로 좋아지며 오랜만에 만족감이 커졌다. 내가 하려던 무료 밥집을 빨리 만들어야 겠다는 생각이 더욱더 간절해졌다. 어떻게 어디서 하지? 아~~쪽방촌에서 하면 얼마나 좋을까? 정말 배고픈 사람에게 나의 정성과 애정이 담긴 밥을 대접한다면 얼마나 멋진 일일까? 밥을 먹고 건강해지고 어르신들의 얼굴에 웃음꽃이 핀다면 얼마나 아름다운 일인가? 잊혀진 내의 꿈을 실현하려고 노력해봐야겠다 방법을 찾고 연구해 봐야 겠다.

"봉사회 단장에게 무료 밥집을 운영하고 싶은데 필요한 자금이 없어요"라고 내가 생각했던 취지를 얘기했다. 단장은 손뼉을 치며, "누나 광주지역 지부장하세요"라고 말했다.

"지부장하면 밥이 나와 쌀이 나와?"라고 말을 하니

"아~~정부에서 지원자금을 받아서 운영하시면 돼요"

"단장님이 하시고 난 봉사만 할께요" 라고 거절했다.

단장은 자신은 "정부 지원자금을 받지 않고 봉사한다"라고 명시되어있어서 할수 없다며 나에게 지부장을 하길 권했다.

"단장이 행복나눔 봉사회에서 지부장을 원하는 사람이 있다며, 함께 지부장을 하란 얘기였다. 봉사를 하다보니 내 돈을 가지고 뭔가를 만들어 이루어 내는 것이 아니라, 의지만 있으면 만들어지는 것이구나.

"꿈은 이루어 진다"라고 했던가?

이루어 지는 것이 아니라 "이루어나가는 것"이란 말이 새삼스럽게 뇌리에 박힌다.

행복나눔 봉사회에서 20년 가까이 이루려 했던 꿈이 우연한 기회에 이루어 지는것인가?

로버트 슐러가 말했듯, "불가능한 꿈을 꾸고, 불가능한 일을 해내라(Tough times never last, but tough people do!)"는 말은 어려움 속에서도 꿈을 포기하지 않고, 끝까지 도전하는 사람들이 결국 어려움을 이겨내고 목표를 달성할 수 있다는 희망의 메시지이다

함께한 시간 속에서 꿈을 꾸고, 그 꿈을 현실로 만들기 위해 노력하는 과정은 모두가 가진 꿈을 포기하지 않고, 그 꿈을 이루기 위해 지금 이 순간부터 행동하기 시작해야 한다는 것을 기억해야 할 것이다.

05

하루의 습관이 내 꿈을 향하고 있다

북힐공방

어른이 되고 나서 누가 나에게 '넌 꿈이 뭐야?', '하고 싶은 게 무엇이고 잘하는 게 뭐야?' 질문을 받아 보신 적 있으신가요? 이런 질문은 결혼을 하고 아이를 낳고 기르며 중년이 될 때까지 아무도 질문하지 않았었다. 어떻게 살 것인지 뭘 하며 살 것인지 뭘 잘하는지 뭘 좋아하는지 이루고 싶은 꿈이 뭔지 모르고 깊이 있게 생각하지 못했다. 삶에 쫓기며 역할에 충실했고 책임을 다하며 하루하루 살아내기 버거웠다. 내가 좋아하는 것도 외면하고 자연스럽게 꿈은 잊게 되었다. 오십 중반이 되고 보니 지금 잘 살고 있는가? 앞으로는 어떻게 살아야지? 조금씩 삶이 두렵게 다가왔다. 지금부터라도 잘 준비해야 된다는 생각이 머리를 스쳐 지나갔다.

우연히 인스타 피드에서 캔바 수업 공지를 보고 온라인 나컨세

스쿨 커뮤니티를 알게 되었다. 나켄세님을 만난 건 신의 한 수가 되었다. 기초가 부족한 디지털 세계를 입문하게 만들어준 곳이다. 남들보다 속도는 느리지만 나는 알 때까지 끈기 있게 배우려고 무척 애를 썼다. 인스타 피드를 만들기 위해서 캡컷 영상편집을 배우고 제페토 옷 만들기에도 도전해 보고 이비스 페인트라는 생소한 것들도 하나씩 알게 되었다. 노션이 뭔지도 잘 모를 때부터 메타버스라는 새로운 언어에 익숙해지도록 책도 읽게 되었다.젊은 사람들만 한다고 생각했던 틱톡을 알게 되었고 스티커 크리에이터로 활동하고 있다. 이제는 사람보다는 인공지능이 발달하는 시대에 살 수밖에 없고 하루가 다르게 변화하는 세상에 발 빠르게 적응해야 된다. 가족들도 처음에는 직장 다니며 아침 저녁으로 공부하는 나를 보며 안쓰러운 마음으로 걱정해 주었다. 엄마가 즐겁게 공부하는 것을 보고는 많은 지지와 응원을 해 준다.

새로운 것을 하나씩 배워 나아가는 것도 재미있어졌고 나켄세 스쿨은 퇴근 후 한 시간 이상씩 함께 공부하게 되었다. 어색하던 온라인 수업에서 조금씩 화면을 켜고 공부하기 시작한 곳이다. 마침 나켄세스쿨 글쓰기연구반 1기 모집에 나는 무슨 용기로 해 보겠다고 했는지…. 책만 읽는 것을 좋아했지, 글쓰기를 정식으로 배운 적도 없었다. 글을 잘 쓰고 싶어서 시작했지만 표현력도 안되고 어찌 써야 할지 갈팡질팡했다. 내가 쓴 글을 남에게 보여

주는 것도 쉽지 않은 일이었다. 왜 글을 쓰려고 하는 걸까? 내 삶을 생각해 보니 자녀들이 있었기에

그 힘든 시간을 잘 버텨준 삶이었다. 지금은 가족들에게 감사한 마음을 전하고 싶다. 희로애락이 담긴 진솔한 내 이야기를 글로 담고 싶어졌다.

"언니 요즈음에도 새벽 기상하고 있어?", "그럼 하고 있지 지금은 4시에 일어나고 있어.", "언니는 정말 대단해 그 힘든 일을 꾸준히 잘하고 있네.", "너도 애들 대학도 다니고 있고 시간 날 때 하고 싶은 것 있으면 작은 것부터 시작해서 도전해 봐.", "무엇을 하든 내가 해내고 나면 성취감이 생기더라." 시간은 쏜살같이 지나고 세월은 어찌 그리 빨리 지나가는지 세월이 야속하다는 생각이 들 때가 있더라. "얼마 안 있으면 너네 아이들도 제 삶을 위해서 독립하게 되고 집을 다 떠날 거야." 그러니 지금이라도 미래를 위해서 하나씩 준비해야 하는 시기라고 생각해.", "언니는 그래도 올 한 해 잘한 일은 새벽 기상 후 나만의 루틴이 습관으로 만들어진 것에 만족하고 있어.", "독서를 꾸준히 하고 글쓰기에 집중해서 올해는 꼭 브런치 작가가 되고 싶은 게 목표이기도 해. 그리고 10년 후에는 에세이 작가가 되어 있기를 꿈꾸고 있어.", "언니는 지금처럼 꾸준히 한다면 꼭 이룰 거야. 내가 응원해 줄게. 파이팅!", "그래 언제나 언니 편이 되어주고 옆에서 든든하게 있어줘서 고마워." 동생의 응원 한마디에 힘을 얻게 되고 다시 한번

다짐을 해본다.

다짐의 시작은 공부하면서 생기게 된 버킷리스트 였다.

첫 번째 버킷리스트는 에세이 작가가 되고 싶은 것이다. 다양한 책을 접해보고 정독하는 것에 집중하고 있다. 글쓰기 강의를 들으며 책을 읽고 기록을 블로그에 남기는 일이다. 성공한 작가들의 에세이 글을 읽고 작가의 스타일이나 기법에서 영감을 얻기도 한다. 책에서 좋은 정보나 지식도 습득하며 내 것으로 만들어 보는 메모나 생각, 질문을 통해서 글을 잘 쓰는 데 도움 되는 일이라면 무엇이든 해볼 것이다.

두 번째 버킷리스트는 건강관리 잘해서 보디 프로필을 찍는 일이다.

건강해야 내가 하고 싶을 것을 하나씩 해 나아갈 수 있다. 매일 걷기를 하고 먹는 음식도 신경 쓰고 있다. 밀가루, 설탕, 나쁜 기름, 튀김 종류는 몸에 안 좋다고 해서 설탕은 자일 로스 설탕으로 바꾸고 올리브유 기름을 자주 사용하고 있다. 건강한 식단을 위해 공부도 하고 무엇을 어떻게 잘 먹을 것인지도 고민하는 부분이다. 공복시간도 18:6을 지키며 가끔씩 24시간 단식도 병행하고 있다. 공복시간이 길어지면서 첫 식사할 때에는 지금까지 몰랐던 음식에 대한 감사한 마음을 많이 느끼고 있다. 6개월 동안 10킬로 감량에 성공했고 앞으로 2킬로 정도 더 감량하는 것이 목표이다. 체중 감량 후 나이가 들어도 같은 몸무게를 유지하는 것이 최종 목표이다. 운동은 선택이 아니라 습관이다. 건강해지고 나서 나의 버킷리스트는 추가되었다. 올해 목표는 마라톤 10km에 두 번 완주 목표로 달리는 연습도 하고 있다.

마침내 목표였던 마라톤에 2024년 4월 14일 제9회 안산시육상연맹회장배 마라톤 10km에 출전하여 1시간 12분 완주에 성공했다.

세 번째 버킷리스트는 산티아고 순례길을 가는 것이다.

꾸준한 운동을 하려는 이유 중 하나는 산티아고 순례길을 가고 싶어서이다. 손미나 작가가 산티아고 순례길 800km를 걸으며 경험한 것들을 다큐멘터리 영화로 제작한 엘 카미노를 보고 나서부터이다. 첫 장면을 보는 순간 "와우 나 저기 꼭 가보고 싶다."였다. 다 보고 나서 긴 여운이 남았었다. 죽기 전에 내가 꼭 가보고 싶은 버킷리스트에 저장하게 되었다. 나는 산티아고 순례길을 가기 위해 매달 저금을 하고 있다. 친정엄마가 살아계실 때 항상 이런 말씀을 하셨다. "다리 성할 때 가고 싶은 곳 있으면 여행 많이 다녀라."라고 말씀하셨다. 건강할 때 꼭 다녀올 계획이다. 유럽여행을 가는 것도 버킷리스트에 포함되어 있다.

네 번째 버킷리스트는 노래를 잘 부르고 싶다. 나는 음치, 박치 골고루 다 갖춘 사람이다. 엄마 아빠 누구의 유전자를 물려받았는지…… 노래 잘 부르는 사람을 보면 부럽다. 친정 식구 중에 큰 오빠는 노래를 잘 부르신다. 올케가 하는 말이 동네에서 관광버스를 타고 놀러 가면 오빠는 다른 사람들 생각도 안 하고 마이크를 잡으면 놓지 않으려고 해서 올케언니는 아주 민망할 때가 많다고 했다. 나는 엄마 아빠 중 누굴 닮은 걸까…….. 속상하다.
하지만 잘 못하는 것은 노력해서 배우면 된다. 문화센터 노래교
실이나 노래 레슨을 받아서라도 나는 꼭 노래를 잘 불러보고 싶
은 목표가 있다.

다섯 번째 버킷리스트는 오롯이 혼자서 여행을 가보는 것이다.

늘 가족이나 친구와 함께였다. 제주도에서 한 달 정도 살아보
는 상상만 해도 좋다. 제주의 올레길 완주도 해보고 싶고 한라산
정상을 올라가 보는 것이다. 제주의 푸른바다와 하늘을 몸소 느
껴 보고 싶다. 혼자서 차를 타고 이곳저곳을 다녀본 기록을 에세
이 글로도 남겨보면 좋을 것 같다.

제주도에서 하고 싶은 일 중에는 오일장을 돌아다녀 보고 치
열하게 살아가는 삶의 현장도 보고 느끼며 나의 삶도 뒤돌아보고
지금까지 열심히 살았으니 나에서 주는 선물 같은 마음 편안한
여행을 앞으로 해봐야겠다.

친구들은 "너는 하고 싶은 것 많아서 좋겠다"라고 한다. "그래
맞아 세상은 배울 것도 하고 싶은 것도 많더라."

"그래서 나는 꾸준히 해볼 생각이야"라고 말해준다. 배우면서
느낀 것은 내가 이렇게 끈기 있게 열심히 하는 사람인 줄 나도 몰
랐다는 것이다. 내가 해내며 성취감을 느껴보고 나니 "그래 해보
니 다른 것도 할 수 있네"라는 자신감이 조금씩 생겼다. 2022년
새벽에 일어나지 않았다면 나는 시간의 소중함을 뼈저리게 느끼

함께 한 시간속에서 나의 꿈이 시작되었다

지 못했을 것이다. 꾸준히 매일 반복되는 일상이지만 하루씩 루틴을 하다 보니 내가 하고 싶은 것도 생겼고 미래의 꿈도 꾸게 되었다. 그덕에 꾸준함의 여왕이라는 별명도 얻게 되었다. 해보지 않으면 모른다. 나의 경험이 실패하더라도 그 경험이 성공할 수 있는 길을 만들어 준다고 생각하게 되었다. 내가 이루고 싶은 버킷리스트 중 우선순위를 정해서 하나씩 이루어 나아가는 것이 시작이다. 나컨세 스쿨을 통해서 조금씩 성장하는 나의 모습을 발견했고 혼자가 아닌 커뮤니티 안에서 함께 성장할 수 있다는 것을 배우게 되었다. 이 글을 통해 함께한 분들에게 고마움을 전합니다.

06

배우는 즐거움을 찾았다

평알

아이들이 독립해서 집을 나갔다. 중년의 나이가 되고 보니 삶의 재미보다는 무료하다는 생각과 우울한 기분으로 지냈다. 아이들 키울 때는 힘들다고만 생각했지 지나고 보니 그때가 행복했다는 생각이 든다. 남편 사업이 바쁠 때는 일 만하고 아이들과 놀아주지 않는다고 불평만 늘어 놓았다. 남편이 아프고 부터는 그전에 열심히 일할 때 감사하다는 말을 못한 게 참 미안했다. 지혜롭게 대하지 못한 행동들이 지나고 나서야 깨달았다.

열심히 살면 다 해결될 줄 알았다. 그러나 삶은 내 뜻대로 되질 않았고 힘든 순간이 자주 찾아왔다."영원한 행복도 영원한 불행도 없다"는 책 속의 말처럼 행복도 불행도 지나간다 계속 … 책 읽기를 하는 이유는 책 속에서 위로를 받기도 하고 마음을 다스리며 생각을 다르게 갖기도 한다. 힘든 과정을 이겨냈을 때 성장을 할 수 있다는 걸 느꼈다. 중년이 되고 바쁜 생활의 연속 이였지만 허망한 기분에 자꾸 우울한 생각을 하게 되었다. 나를 찾고 싶었다. 우연히 접한 김미경 강의에서 공부하고 싶다는 마음을 가지게 되면서 mkyu 대학에 입학했다. 온라인 수업이라 시간의 제약이 없으니 내가 듣고 싶은 강의를 골라서 수강할 수 있었다. 시간 날때마다 수업을 듣고 책을 읽으면서 생활의 활력을 찾기 시작했다. 어딘 가에 소속되어 있으니 무언가 할 수 있을 것 같아 좋았다. 커뮤니티 공간도 생기고 활동에 참여도 하면서 새로운 세상을 공부하게 되었다. 혼자보다는 함께하니 가능한 것들이 많았다. 새벽5시 모닝 미라클 챌린지를 1년간 꾸준히 참여하여 완주했다. 새벽기상을 하고 책상에 앉아 강의를 듣고 내가 정한 루틴을 실천하는 챌린지이다. 피곤해서 일어나기 힘든 날도 있고 여행을 가거나 명절에는 환경이 변해서 챌린지 하기가 힘든 날도 있었지만 계속 해냈다. 나에게도 끈기라는 게 있다는 걸 경험했다. 뿌듯했고 '무언가를 할 수 있겠구나' 자신감도 생겼다. 배우는 즐거움을 찾았다.

커뮤니티 활동으로 "힐링 캠프"를 만나게 되면서 나는 또다른 사람들과 함께 디지털 공부도 하게 되었다. 리더님의 선한 기부가 있었기에 우리는 온라인 줌 수업을 하면서 다양한 공부를 할 수 있었다. 새로운 인생의 기회로 다가왔다. 퇴근하고 저녁9시에 줌으로 매일 만나면서 소통하고 함께 공부한 시간들이 너무 행복했다. 좀 더디게 알아들어도 기다려주고 배려하는 모습에 참 대단한 사람이구나, 나도 나중에 할 수 있는 재능을 나누는 기부를 해나겠다는 마음이 생겼다. 배우는 즐거움이 생기고 나만의 시간 만들기 새벽기상을 통해 시간의 소중함도 깨우쳤다. 좋은 사람들을 만나게 된 것도 내가 간절함으로 참여했기 때문에 끌어당겨진 것 같다. 꾸준함과 성실함으로 자기 계발을 하고 계시는 분들이 많았다. 나도 그들과 함께 하면서 배우고 책도 많이 읽게 되었다. 좋은 책은 인생 길잡이 역할을 해준다. 나는 책읽기에 집중하고 싶어졌다. 인생의 굴곡은 누구나 겪으며 살아간다. 불행이 닥쳐도 다시 일어설 힘을 기르는 방법은 내면의 힘을 기르는 것이다. 내면은 마음 근력훈련을 통해 키워 나가야 한다.

남편이 아파서 내 생활 패턴이 달라졌지만 내가 하고 싶은 걸 하지 못한다는 부정적인 생각을 더 많이 했던 것 같다. 위기를 기회로 만들어야 했다. 아픔을 통해 나는 나만의 시간을 만들었고 책을 읽으면서 나를 일으켜 세웠다. 시간을 쪼개서 공부하고 운동하고 기록하는 생활들을 하루하루 작은 성공으로 이어갔다. 죽을 때까지 배워야 하는 게 사람인 것 같다. 끊임없이 변하는 세상에 대응해서 배우고 자기계발을 하고 있어야 한다. 나중에 선한 기부를 통해 사회에 기여하는 사람이 되는 걸 꿈꿔본다.

시간 없어 못한다는 핑계, 잘 안될 때는 남 탓하는 습관, 남들과 비교하는 것들을 하지 않으려 노력한다. 내가 겪은 인생 과정이 그냥은 아니었다. 울면서도 해냈고 지쳐서 포기하고 싶을 때도 비틀거리며 해냈다. 애쓰고 노력했던 것들이 나를 단단하게 만들었다.노후에 꿈꾸는 삶의 그림을 그려본다. 함께하는 사람들과 공부도하고 경제적인 활동도 하고 싶다. 내가 가진 재능 기부를 할 수 있도록 능력을 더 키워 갈 것이다. 독서 토론,글쓰기, 작은 챌린지들, 함께 여서 가능하고 함께 여서 행복한 요즘이다.

07

나를 알아가면서 성장하려고 한다.

이채원

퇴직을 앞두고 무슨 일을 하며 살아갈지 생각하며 MKYU(김미경 대학)라는 곳을 알게 되서 입학하였다. 2022년 새벽 514챌린지를 1년간 하며 그곳에서 미니챌린지 나컨세(나를 찾아가는 컨텐츠 세상 여행)의 힐링캠프를 알고나서부터 꿈을 찾아가기 시작했다. 앞으로 어떻게 살면 행복한 삶이 될 수 있을까? 일 년 동안 선택의 갈림길에서 많은 고민도 하였다. 몇 번을 되뇌이고 생각해보아도 내가 하고싶은 일은 명상가로서의 삶인 것 같았다. 처음 명상의 시작은 내 인생에서 가장 힘들 때인 2000년도부터였다. 한동안 쉬었지만, 다시 하게 된 계기가 된 것은 자녀문제 때문이었다. 가정사로 인해 자녀들과의 갈등이 끊이질 않았다. 무엇을 해도 마음이 안정되지 않았고 머릿속이 복잡하였다. 그때 명상은 나의 공허함을 달래주면서 마음을 편안하게 해주었다.

앞으로 퇴직을 하게 되면 새로운 일에 대한 준비를 해야겠다고 생각했다. 모든 일이 기본이 되는 글씨기와 말하기부터 시작했다. 말하기가 잘 되지 않아 미니챌린지에 처음 들어갈때는 망설여졌지만 도전을 했다. "나컨세의 힐링캠프"에 '나를 위한 1가지 질문'에 대한 챌린지는 5월 16일부터 시작하고 시간을 함께하였다. "오늘의 주제에 대한 답은 어떻게 말을 할까?" 생각하면서 일요일이 기다려졌다. 힐링캠프의 일요일 아침 시간은 나에게 정말 소중하였다. 평소에 하지 못했던 질문에 대한 답을 하면서 나 자신을 알아갔다. 그리고 함께하는 사람들의 이야기를 들을때면 나의 부족함도 느껴지면서 좀 더 지혜롭게 살아가는 법을 배워갔다. 아버지와 큰어머니의 죽음 등으로 힘들었던 시간도 있었지만 힐링캠프로 이겨낼수 있었다. 나컨세스쿨의 리더님을 알게 된 것이 나의 인생에서 큰 행운이었다.

컨텐츠를 만드는 학교 나컨세스쿨에서 글쓰기연구반 1기를 시작으로 제4기까지 46차시를 하면서 부족하지만 공저를 하게 되었다. 그동안 새벽 필사와 독서, 월요일 새벽 4시 30분에 30분간 인스타그램 라이브방송에서도 책에 대한 '월아 한마디(월요일 아침 한마디)'를 들었다. '오늘은 어떤 이야기를 할까' 그날 라이브방송으로 듣지 못하면 나중에라도 챙겨 들었다. 매일 책을 읽는 습관도 기르면서 지식을 쌓아 나갔다. 오늘까지 쉬지 않고 꾸준하게 한 것도 나컨세 스쿨의 리더님과 진로작가님, 학생들과 함께했기 때문이다. 서로 격려하고 이끌어 줌으로써 많은 도움이 되었다. 새로운 삶을 준비하면서 차츰 성장하여 가고 있음을 느낀다. 나컨세스쿨을 알게 된지도 벌써 2년여가 되어 간다. 영상편집, 캔바, 노션, 켈리그라피, web, IT, 경제, 제페토 등을 공부했다. 초저녁잠이 많았던 나는 졸면서도 수업을 들었다. 그러다 잠이 든 적도 있었다. 배우면서 집중하지는 못했지만 맛보기는 했다. 열정적으로 강의해 주었던 리더님과 학생들이 있어서 가능한 일이었다.

평생 학습을 해야 살아갈 수 있는 시대인만큼 배움을 계속하면서 나의 꿈을 키워나간다. 지금은 나에게 집중하고 나를 위한 시간이 필요하다. 아직도 10여 년 정도까지 돌봐야 될 자녀와 부모님도 계신다. 나에게 집중하기 위한 나만의 공간과 시간을 어떻게 관리해야 할지를 생각하고 있다. 나만의 공간을 확보하기 위해 의자를 사고 책상은 필요치 않았던 친구로부터 가져왔는데 나에게는 안성맞춤이다.

주간 및 월간 일정을 세워 계획하고 공부를 하고 있다. 건강이 좋지 않을 때에는 쉬어가며 공부하다보니 속도가 늦어지기도 한다. 그래서 건강의 중요성을 새삼 느낀다. 건강해야 어떤 일이든 할 수 있겠구나 라고 생각한다. 직장을 다니면서도 자기관리까지 철저한 주위 사람들을 보면 대단하기도 하고 나 또한 힘을 얻는다. 성장하기 위해서는 나의 문제점을 파악하고 개선하는데 노력을 다하고 있다. 배우는 것에 많은 욕심을 부리니 탈이 날 때도 있다. 조절이 필요한 것 같다. 요즘은 책 읽고 공부하는 즐거움에 빠져 있다. 좋아하고 잘하면서 가치있는 일에 집중하고 싶다.

나컨세스쿨에 함께하면서 편협적이던 나의 생각들이 많이 확장되어진 것 같다. 자존감이 떨어질 무렵 힐링캠프의 질문에 생각들을 말함으로서 자존감을 다시 찾을 수 있게 된 것 같다. 아이들과 대화를 많이 할수 있게 된 것도 글쓰기가 계기가 되었다. 좋은 사람들과 함께 배워 갈 수 있어 행복하다. 작년엔 잘 따라가지 못했던 디지털 공부를 내 것으로 만들고 싶다. 그리고 북클럽을 참여하면서 나의 글쓰기와 말하기 능력을 키워나가고 싶다.

도서관에서 교육하는 (MBTI & CPA 검사를 통한) 자기 이해 프로그램을 일주일에 한번 두시간씩 12차시까지 들었다. 이론강의와 활동지를 통해서 모둠방식으로 수업을 진행하다보니 재미도 있었고 새로운 좋은 사람들을 만나게 되었다. MBTI 검사를 통해 나를 알았고 CPA컬러성향분석 검사를 실시하므로 나의 강점과 약점을 알게되어 나에게 집중하는 시간을 가졌다. 나와 상대를 먼저 알고 대처하면 인간관계를 잘 할 수 있고 가족들과 행복하게 잘 살 수 있다고 생각된다. 강사님의 스킬을 배우니 나에게 도움이 되었다. 마음 맞는 사람들과 함께여서 좋았다. 그리고 모둠에서 성향이 비슷한 사람들과 자기 성장을 위한 모임을 한달에 한번씩 갖기로 했다. 첫모임에는 집안에 경조사가 있어 아쉽게도 불참했다. 벌써부터 다음 모임이 기다려진다. 내가 주인공인 삶으로 살아가려 한다.

함께 한 시간속에서 나의 꿈이 성장하고 있다.

나의 글쓰기 시작은 "나컨세스쿨"에서의 필사 활동으로부터였다. 처음 글을 쓰기 시작했을 때는 어렵고 막막했다. 글자 하나하나가 부담스럽고, 문장을 이어가는 것조차 큰 도전이었다. 하지만 매일 새벽 5시에 일어나 책을 필사하며, 그 속에서 얻은 교훈을 한 줄 평으로 정리하고, 음악을 들으며 하루를 시작하는 루틴이 점차 익숙해졌다. 이 시간들은 점차 나의 글쓰기에 자신감을 키워주었다.

김원배 작가님과 나컨세님의 지도를 받으며, 필사는 단순한 글쓰기 연습을 넘어서 나의 자기 발전과 표현의 도구로 발전했다. 이 과정에서 "지성이면 감천(知性而後感天)"이라는 고사성어가 깊이 와닿았다. 꾸준한 학습과 성찰을 통해 세상을 깊이 이해할 수 있게 되었음을 느꼈다.

"함께 한 시간 속에서 나의 꿈이 시작되었다"라는 제목의 글 시리즈는 내가 걸어온 길을 돌아보게 해주는 중요한 작업이었다.

글쓰기는 여전히 나에게 도전이며 때로는 두렵기도 하다. 하지만 이 모든 경험을 통해 나는 끊임없이 성장하고 있으며, 글을 통해 내 감정과 생각을 표현하는 법을 배우고 있다.

이 글을 통해 모든 도전을 겪고 있는 이들에게 희망과 용기를 전하고 싶다. 어떠한 어려움도 우리를 꺾을 수 없다. 오히려 그것은 우리를 더욱 단단하게 만든다. "실패는 성공의 어머니"라는 말처럼, 모든 도전은 결국 우리를 성장시키는 계기가 될 것이다.

글쓰기는 여전히 진행 중이며, 어려움 속에서도 희망의 끈을 놓지 않고 끝까지 도전하는 것의 중요성을 깨달았다. 나의 이야기가 다른 이들에게도 긍정적인 변화를 가져다주기를 바라며, 우리 모두가 자신의 꿈을 향해 계속 나아갈 수 있기를 희망한다.

— 김예서

***

살아가기 바빠 내 꿈이 뭔지도 모르고 살았다. 나컨세 스쿨을 만나 디지털 세계에 입문하게 되었다. 독서를 좋아했지만, 글쓰기를 정식으로 배운 적은 없었다. 글쓰기 연구반 1기로 시작하여 글을 쓰기 시작했다. 뭘 써야 할지 모르던 나를 지도해 준 김원배 작가님과 나컨세님 그리고 함께한 친구들 덕분에 자신감을 얻게 되었다. 읽기, 쓰기, 말하기는 함께 성장할 수 있는 기본이라는 것을 알게 되었다. 독서를 즐겼지만 깊이 읽지 않았고, 편식도 심했던 독서가 다양한 책을 접하게 되었고 필사도 함께 했다. 좋은 문장을 필사하고 질문에 대한 발표를 시작으로 말하는 두려움이 조금씩 사라졌다. 어렵게만 느껴졌던 글쓰기를 통해 나의 생각과 감정을 글로 표현하게 되었고, 지난 시간들을 성찰할 수 있었다.

〈함께 한 시간 속에서 나의 꿈이 시작되었다〉를 통해 혼자서 할 수 없던 일들을 이루어낼 수 있게 됐다. 무엇이든 마음먹으면 이루어지는 마법의 시작을 알게 되었다.

배움은 끝이 없다는 말처럼 책 읽기와 글쓰기를 통해 가치를 전하는 사람으로 성장하길 꿈꾸게 되었다. '시작이 반이다' 무슨 일이든 시작하기가 어렵지 일단 시작하면 일을 끝마치기는 그리 어려운 일이 아니다.

목표 설정하고 도전하길 응원합니다. 함께해 주셔서 감사합니다.

– 북힐공방

***

살아가면서 기본적인 힘이 글쓰기였는데 많이 부족해서 나컨세스쿨의 글쓰기연구반에 도전하였다. 글쓰기를 하는 중간에 할까 말까를 몇 번이나 망설였다. 글쓰기연구반을 4기까지 하고 나서 공저까지 하게 되었다.

"함께 한 시간속에서 나의 꿈이 시작되었다."라는 책 제목처럼 서로에게 힘이 되면서 함께 했기에 가능하였다는 것을 새삼 느꼈다. 글을 쓰면서 말하기까지도 할 수 있겠다고 생각했다. 직장생활을 하면서도 퇴직 전까지 글쓰기가 되면 일을 더 할 수 있겠구나 싶기도 했지만 할 수 없었다.

글쓰기를 시작하면서 기본 바탕이 되어있지 못했기 때문에 성장 속도는 느리다. 글쓰기가 나를 돌아볼 수 있는 계기가 되었다. 아울러 명상을 하는 데도 도움을 받았다. 공저를 하면서도 쓴 글을 몇 번이나 엎치락뒤치락하였다. 생각하기도 싫은 과거의 기억까지 들추어내려니 힘든 부분도 있었다. 글쓰기를 잘하지 못해 어려웠지만 격려해 주고 봐 주었던 선생님과 친구가 있었다. 글쓰기연구반이 있어 함께 할 수 있었고 덕분에 공저까지 오게 되지 않았나 싶다. 나에게는 글쓰기를 배우고 용기를 내어 도전했던 것이 행운이라 생각한다. 이제는 쓸 수 있다는 것만으로도 큰 성장이다. 글을 자연스럽게 쓸 수 있는 그 날까지 계속하려 한다.

지금은 건강한 노후 생활을 위한 인생의 철저한 준비가 필요하다. 실패한 경험을 바탕으로 다시 일어서고 성공할 수 있었듯이 부족한 부분은 채워가며 오늘을 살아가고 있다. 사랑하며 배우고 성장하면서 당당한 나로 나의 꿈을 이루어 나가고자 한다.

- 이채원

***

글쓰기를 배우면서   나를 알아가고 채워가는 시간이 되었다. '나컨세스쿨'에서 만난 커뮤니티 맴버들과 글쓰기, 필사도 하면서 삶의 시간도 다시 만들어간다. 오십이 되고보니 나를 위한 시간이 없었다는 허무함이 밀려왔다. 열심히 살아온 지난 시간을 돌아보면서 "함께 한 시간 속에서 꿈은 시작되었다"를 공저하게 되었다.

'삶의 흔적을 돈으로 환산 할 수 있으랴'라는 말처럼 인생을 의미 있게 채워가고 싶다. 혼자가 아닌 함께 하면서 이루어낸 희망이 더 값진 시간이 되었다. 모두에게 감사드리고 나의 인생2막이 더 성장할 수 있도록 계속 책을 읽고 글을 써갈 것이다.

- 꿩알

***

대기업에서 여성 부장으로 승진하기까지 20년이 넘게 걸렸고 부장에서 팀장으로 발탁되는 데는 불과 2년밖에 안 걸렸다. 팀장의 역할을 잘 해내고 싶었기에 나의 시간 대부분을 직장과 일에 할애했다. 나의 건강을 돌보지 못했고, 두 아이와의 대화도 많이 줄어들었다. 팀의 성과도 좋고 상사로부터 인정도 받고 성과평가도 잘 받았지만 번아웃이 찾아왔다. 그 시점부터 글을 쓰고 필사를 했다. 마음속 이야기를 끄집어내니 숨 쉴 공간이 생기기 시작했다. 글을 쓰면서 나의 강점을 정확히 알았고, 강점을 활용하여 일을 했더니 인풋 대비 아웃풋이 좋았다.

매번 더 높은 목표를 향해 나아가도록 나를 채근 했었는데 글을 쓴 이후로는 있는 그대로 나를 받아들이게 되었다.

'멀리 가려면 함께 가라'는 인디언 속담처럼 글쓰기 동무들이 있어서 끝까지 할 수 있었다.

김원배 선생님과 나컨세님에게 특히 감사 인사를 전한다.

－ 하랑

함께 한 시간속에서 나의 꿈이 시작되었다

집필자

ㅣ김원배

현) 장충중학교 진로진하라학상담교사(2012~현재)
현) 가톨릭대학교 교육대학원 진로진학상담전공 겸임교수(2022~현재)
현) 커리어넷 상담위원(2013~현재)

저서
〈청소년을 위한 진로멘토링38〉 한국경제신문. 2018.
〈하고싶은 것이 뭔지 모르는 10대에게〉 애플북스. 2021.
〈단단한 자존감을 갖고싶은 10대에게〉 애플북스. 2022.
〈오늘도 읽는 중입니다〉 굿웰스북스. 2023.
〈얘들아 중학교 가자〉 글팜, 2024. 등 11권 출간

강연
남산도서관, 금호평생교육원, 대구북도서관, 천호중 등 다수

네이버 블로그 운영
https://blog.naver.com/jckwb66
블로그는 독서와 진로교육 관련 콘텐츠를 운영함.

ㅣ나컨세

현) 웹 개발자
현) 나컨세 스쿨 커뮤니티 플랫폼 운영
현) Life contents 크리에이터
　　https://instagram.com/naconse_life
　　https://blog.naver.com/naconse

ㅣ김예서

현) 예서쌤 라이프쿡 유튜브 운영자
현) 과기부 인가 한국 AI NFT협회 본부장
현) 노동부 NCS직업훈련교사
현) 디지털 융합교육원 지도교수
현) 과기부인가 4차산업혁명연구원 선임연구원

저서
〈생산성AI챗GPT300% 활용법〉. 미디어북, 2024
〈인지문학 강의〉, 한국지식문화원, 2024
〈인지문학〉 인지문학사, 2024

유튜브: https://www.youtube.com/@Korean.life.

ㅣ 하랑

국내 대기업 팀장
27년차 직장인
자녀와 함께 성장하는 워킹맘
MBA졸업
E-mail: harang1harang2@gmail.com

ㅣ 꿩알

개인사업
미래를 창조하는 크리에이터
독서 및 글쓰기 모임 활동

ㅣ 이채원

전) 공무원 21년
현) 청소년명상지도사
명예 퇴직 후 의령중학교 등 명상수업 강의

ㅣ 북힐공방

현) 직장인
창작가, 크리에이터

블로그: https://blog.naver.com/compass_booklife
인스타: @compass_booklife